GRILLEN
Grillsaison ist jeden Tag

Andreas Rummel Fotos Dirk Tacke
GRILLEN
Grillsaison ist jeden Tag

INHALT

Vorwort Andreas Rummel 6
Vorwort NAPOLEON 7

GRILLS, ZUBEHÖR, TIPPS UND TRICKS .. 8
Warum Gasgrill? 10
Immer der richtige Grill 12
Bestens ausgestattet 14
Extras 20
Rummels Grill-ABC 22
Saisonkalender Fisch 26
Saisonkalender Obst und Gemüse 27

REZEPTE 28
Rind 30
   Die besten Stücke 32
Schwein 68
   Unser liebstes Fleisch 70
Wild & Lamm 102
   Einmaliger Geschmack 104
Huhn 130
   Bewegung – das A und O 132
Fisch & Meeresfrüchte 146
   Aus dem Wasser 148
Vegetarisch 172
Desserts 188
Saucen, Dips & Beilagen 202

Menüvorschläge 216
Register 217
Dank 222
Impressum 223

LIEBE GRILLFREUNDE

Oft werde ich gefragt, ob ich zu Hause überhaupt noch gerne grille. Die Antwort ist klar: Natürlich macht es mir Spaß, auch im privaten Rahmen zu grillen. Und jeder weiß, wie toll es ist, nach dem Essen Lobeshymnen zu hören – da bin ich keine Ausnahme.

Von März bis Oktober bin ich fast ununterbrochen auf Grill-Mission – ja, manchmal fühle ich mich tatsächlich als Missionar, der kulinarisch verirrte Schäfchen auf den rechten Weg führt und sogar vor drastischen Mitteln nicht zurückschreckt, um andere wieder auf die Straße des Genusses zu bringen. In der verbleibenden Zeit werfe ich zu Hause den Grill an, zum Großteil zu wissenschaftlichen Zwecken. Dann probiere ich Theorien, Garvorgänge und Lebensmittel aus, die ich das Jahr über aufgeschnappt, abgeguckt oder recherchiert habe. In hellen Momenten, meist während meiner Autofahrten von Auftrittsort zu Auftrittsort, habe ich auch selbst Geistesblitze, die ich dann in die Tat umsetze. Das Verarbeiten von mir bislang unbekannten Lebensmitteln und Zutaten gehört dazu. Viele von den „Experimenten" verfeinere ich dann so lange, bis daraus neue, kreative Rezepte entstanden sind – und manchmal auch, um beim nächsten Seminar oder Kollegentalk richtig klugscheißen zu können. Manche Idee – und das Ergebnis daraus – werfe ich aber auch kopfschüttelnd in den Mülleimer.

Einige meiner Rezepte sind auch aufgrund von Problemen direkt am Grill entstanden. Wie das geräucherte Lachsfilet vom heißen Stein in der Seitenbox des Grills auf Seite 171. Andere wiederum sind einfach kreative Resteverwertung, beispielsweise die Rezepte aus dem Waffeleisen. Häufig weiß ich schon im Voraus: Das kann passen oder aber das geht gar nicht. Ich verlasse mich auf mein Bauchgefühl – und natürlich profitiere ich von meiner Erfahrung. Für die Kunst des Kombinierens von Zutaten gibt es einen schönen englischen Begriff, das Foodpairing. Mittlerweile besitze ich einige Bücher zu dem Thema und recherchiere oft auf einschlägigen Seiten im Internet. Nicht selten stoße ich dabei auf sensationelle Kombinationen.

Für mich ist das Wichtigste, dass man seine Kreativität nicht bremst. Man muss nicht unbedingt Gäste einladen, um einen Grund fürs Grillen zu haben. Wer ein guter Grillmeister werden will, schafft das nicht, wenn er nur im Sommer alle zwei Wochen den Grill hervorholt. Ein Sportler muss auch oft und regelmäßig trainieren, um Erfolg zu haben. Darum gilt das Motto „learning by burning".

Um Sie auf Ihrem Weg des „every day grilling" zu begleiten, habe ich in diesem Buch Rezepte für den Anfänger bis zum Fortgeschrittenen vereint. Nicht alle Rezepte erfordern, dass man sich sklavisch daran hält. Betrachten Sie sie auch als Anstoß für Ihre Kreativität. Da mein über die Jahre angeeignetes Wissen nur ein Bruchteil von dem ist, was ich noch über Lebensmittel und deren Zubereitungsmöglichkeiten – und zwar nicht nur am Grill – lernen möchte, bleibe auch ich neugierig und wünsche viel Spaß mit diesem Buch.

Andreas Rummel

Es gibt viele Arten von Grills und die verschiedensten Grill-Benutzer. Was alle gemeinsam haben, sind der Rost und die Flamme. Fünfgängemenüs, Ribs für 500 Personen, Quesadillas nur für zwei oder ein schneller Burger – alles ist möglich. **WAS** man sich auch mit Lebensmitteln einfallen lässt, es wurde schon einmal von jemand anderem gegrillt. **WO** man auch hingeht – in die Berge, ans Meer, den Pool, den Parkplatz oder auf ein Schiff – überall wurde schon mal gegrillt. **WIE** oder womit man grillt – Holzkohle, Briketts, Gas, Elektrik oder auf einer heißen Motorhaube – jede Hitzequelle wurde schon mal genutzt. **WANN?** Jeder Tag ist Grillsaison!

Benutzen Sie Ihren Grill jeden Tag, egal ob Frühling, Sommer, Herbst oder Winter, bei warmem oder kaltem Wetter. Ihr Grill ist eine Erweiterung Ihrer Küche. Grillen ist eine gesunde, kreative, vielseitige Art, um Lebensmittel extra lecker zuzubereiten. In diesem Buch hat Andreas Rummel die verschiedensten Rezepte für Sie zusammengestellt. Es ist für jede Jahreszeit etwas dabei, auch für Sie, einfach oder ausgefallen. Probieren Sie's aus: Es geht! Zünden Sie mal öfter Ihren Grill an – entweder eines von unseren vielen Napoleon-Modellen oder einen anderen. Hauptsache es wird gegrillt!

Wir hoffen, Sie bald am Rost begrüßen zu dürfen, wenn Sie eines von Andreas' Rezepten ausprobieren.

Viel Grillvergnügen wünschen
Michael Voragen & Fred Schalkwijk
Napoleon Grills

RAN AN DEN GRILL

GRILLS, ZUBEHÖR, TIPPS UND TRICKS

WARUM GASGRILL?

Ich bin ein großer Fan des Grillens mit Gas. Ich liebe die Flexibilität und Spontaneität, die mir ein solches Gerät im Vergleich zu einem Holzkohlegrill ermöglicht: Ich komme nach Hause und kann mir, ohne lange den Grill einheizen zu müssen und mich mit Holzkohle zu beschäftigen, leckere Sachen auf den Grill legen. Zudem habe ich meistens mehrere Arten Grillgut auf dem Grill und kann mir mit einem Gasgrill die Zonen der direkten und indirekten Hitze sehr gut einstellen.

Da der erfahrene und vielseitige Griller seinen Grill die Hauptarbeit verrichten lässt und nicht ständig den Deckel öffnen muss, um sein Grillgut zu kontrollieren, ist ein Gasgrill sehr vorteilhaft, weil sich dort die Temperaturen von 80 °C bis über 400 °C leicht einstellen lassen. Ich wähle die für mein Grillgut passende Temperatur und kümmere mich, während es gart, um andere Dinge.

Der hier abgebildete Triumph 410 mit Seitenkocher ist mit seinen abklappbaren Seitenablagen ein Platzwunder. Seine drei inneren und die eine Seitenbrenner-Kocheinheit machen ihn zu einem kulinarischen Allrounder.

DIE GRILLS 11

IMMER DER RICHTIGE GRILL

Mit dem **mobilen Gasgrill** können Sie jederzeit und überall groß grillen! Fast ein ganzes Menü hat auf dem leistungsstarken, kompakten Grill Platz. Beide Brenner besitzen eine separate Zündung und Regulierung. So können Sie direkt oder indirekt grillen und mittels Napoleon Räucherpfeife Ihren **TravelQ™** sogar in einen Smoker verwandeln.

Der **LEX** ist der Allrounder in Sachen ganzjähriges Grillvergnügen für stilbewusste Grillmeister. Das funktionale Multitalent unter den Infrarot-Gasgrills ist der **LE3 mit Infrarot SIZZLE ZONE™ Seitenbrenner**.

Triumph: Praktisch und hochwertig! Die Napoleon Triumph-Serie punktet mit ihrem platzsparenden Design.

Mittlerweile Kult ist der **Kugelgrill** – hier mit Deckel und robustem Scharnier. Manches Grillgut macht nur vom Holzkohlegrill Spaß. Der massive Gussrost ist Garant für gute Grillergebnisse, den Anzündkamin kann man auch kreativ zum Woken benutzen.

DIE GRILLS

BESTENS AUSGESTATTET

Smoking Pipe (Räucherpfeife) sorgt für leichte Raucharomen und macht so manches langweilige Grillen zum zünftigen BBQ. Gut als Räucherchips eignen sich die Hölzer von Apfel, Kirsche, Hickory, Whiskey-Eiche, Ahorn und Mesquite.

Unerlässlich für den richtigen Griff: Edelstahl-Grillzange

Grillpinzette für filigrane Dinge auf dem Grill und zum Anrichten

Mit dem Kerntemperaturthermometer wird aus Schätzen und Raten endlich Wissen – die Zeit der Grillfleischlotterie ist vorbei. Ein MUSS für jeden Grillfan, der sein Fleisch auf den Punkt garen will.

Digitales Funkthermometer

Einstechthermometer für die schnelle Temperaturkontrolle zwischendurch

Spatula zum Wenden von Burgern, Fisch und anderen Garstücken die leicht auseinanderfallen könnten

14 ZUBEHÖR

Silikon-Mop für die Domina am Grill, zum Moppen von Langzeitgarstücken, beispielsweise mit BBQ-Sauce

Silikon-Pinsel, ideal zum Glasieren von z. B. Spareribs

Allround-Spieße mit Wellenform, optimal z. B. für Steckerlfisch oder das Platzieren des Grillguts ohne Rostkontakt

Injektionsspritze zum Einspritzen von Aromaten, Pökellösungen und Marinaden direkt ins Fleisch – spart Zeit und bringt Geschmack.

Hitzehandschuh, braucht Man(n) öfter als Man(n) denkt, für Rechts- und Linkshänder.

Sandwichmaker für kreative Sandwiches vom Grill

Waffeleisen, super zur Resteverwertung

Microplane-Feinreibe, unverzichtbar, auch am Grill

Bambus-Schneidebrett mit zwei Edelstahlschalen zum Auffangen von Fleischsäften oder zum Zwischenlagern von geschnittenem Gemüse und Messer – für jeden Zweck das passende

Winkelpalette, des Spatulas kleiner Bruder

Bambusspieße, ideal für Yakitori und anderes Fingerfood vom Grill

Kerngehäuseausstecher, nicht nur für Äpfel nützlich

Grillbürste: Erst den Grill ausbrennen und dann bürsten.

ZUBEHÖR 19

EXTRAS

Räucherbrett, von Ahorn bis Zeder für Freunde des dezenten Raucharomas. Ideal zum Grillen von Gargut, welches sonst zerfallen, am Grill kleben, schmelzen (Käse) oder durch den Rost fallen würde. Das Brett eignet sich auch zum Servieren, beispielsweise von Fisch.

Drehspießset, ob Käse, Hähnchen, Kuchen oder Ferkel: Die Spieße fassen alles und sind immer ein Hingucker.

3-in-1-Bratenkorb, Spare-Rib-Halter und **Grillschale** – alles universell einsetzbar

Plancha-Platte für franko-spanisches Grillen – ein unverzichtbares Accessoire für kreative Griller

Anzündkamin mit Kokosnussbriketts

Pizzastein, optimal für die Zubereitung von Pizza, Flammkuchen und Quesadilla

Wellenspieß, ideal für Grillen ohne Rostkontakt

Grillkorb, z. B. für Maroni   **Gusspfanne,** in Action auf der Sizzle Zone

Allround-Seitenbox beim Gasgrill, eigentlich als Eiskühler oder Aufbewahrungsfach gedacht, kann hierin auch gegart werden (siehe Rezept Seite 171).

Salzstein, z. B. zum Grillen von Meeresfrüchten

Drehspießset, eignet sich auch für Kuchen.

ZUBEHÖR 21

RUMMELS GRILL-ABC

A wie Anzündkamin
Er dient zum Anzünden von Kohle bzw. Briketts. Besonders beim Garen über mehrere Stunden legt man darin vorgeglühte Kohlen nach. Auch zum Woken ist er ideal.

B wie BBQ
BBQ ist indirektes Grillen bei niedrigen Temperaturen (70–140 °C) von meist großen Fleischstücken bei Zugabe von Rauch über längere Zeit (4–24 Stunden). Ein typisches BBQ-Gerät ist der Wassersmoker, aber auch ein handelsüblicher Grill mit Deckel eignet sich.

B wie Burger
Bei Burgern stimmt oft das Größenverhältnis von Patty zu Bun nicht. Mein Tipp: Der Durchmesser des Pattys kann vor dem Grillen ruhig 20 Prozent größer als das Brötchen sein.

C wie Chips
In Wasser eingeweichte Holzchips, beispielsweise aus Apfel- oder Kirschholz, verleihen dem Gargut ein unvergleichliches Raucharoma.

D wie Dry Age
Beim Dry Aging wird Fleisch bei festgelegten Temperaturen und einer bestimmten Luftfeuchtigkeit abgehangen. Nach etwa 21 Tagen ist es optimal zart und sehr aromatisch. Allerdings kann sein Preis um das 1,5-fache über dem von durch Wet Aging gereiftem Fleisch liegen.

F wie Fleischschnitte
Wie man ein Tier zerlegt, ist je nach Region unterschiedlich. Spanien und die USA haben beispielsweise viele Schnitte, die zum Grillen geeignet sind. Deutschland ist traditionell eher ein Land der Schmorer. Aus den USA kennen wir die klassischen Steaks, aber auch solche wie das Skirt. Das französische Onglet eignet sich ebenso super zum Grillen. Solch schmackhafte Stücke beeindrucken auch Filetfans. Mit dem bei uns üblichen Filetsteak kann ich mich nicht anfreunden – ein zwar zartes, aber geschmackloses, übertreuertes Stück Fleisch. In Spanien gibt es das Presa oder das Secreto – für mich mit die besten Stücke vom Schwein.

G wie Grillreinigung
Die wichtigsten Werkzeuge zum Reinigen sind eine vernünftige Grillbürste, ein Fettlöser, der schäumt, ein Spachtel für die Fettwanne und ein Lappen. Den Rost brennt man am besten bei hoher Hitze aus und bürstet ihn dann einfach ab.

H wie Hähnchen
Hähnchenfleisch wird leider viel zu oft total übergart. Häufig liest man, dass es aus gesundheitlichen Gründen (Salmomellen) auf eine Kerntemperatur von über 70 °C erhitzt werden muss. Jedoch: Ab einer Kerntemperatur von 60 °C ist das Fleisch bakteriologisch einwandfrei, durchgegart – und saftig. Ohnehin befinden sich Salmonellen – wenn überhaupt – nur an der Fleischoberfläche und dort werden sie von Temperaturen über 100 °C abgetötet.

I wie indirektes Grillen
Beim indirekten Grillen wird das Grillgut nicht direkt über die Glut oder über den Brenner gelegt. Das Grillen bei indirekter Hitze in einem geschlossenen Grillsystem (Grill mit Deckel) bei einer Durchschnittstemperatur von 150 °C ähnelt dem Garen im Backofen. Ich bevorzuge generell das Rückwärtsgrillen, das heißt, ich bringe mein Steak auf eine Kerntemperatur von 55 °C und „male" dann für die Röstaromen nur noch bei hoher Temperatur ein Muster drauf.

J wie Jeden Tag grillen

Für mich ist der Grill zum Zubereiten von Lebensmitteln wie ein Herd in der Küche. Egal ob Fleisch oder Gemüse: Mit den oft integrierten Seitenbrennern, auf denen man beispielsweise Sauce zubereiten kann, wird der Grill zum Allrounder. Auch Gerichte, die sonst im Backofen landen, sind kein Problem (siehe indirektes Grillen).

K wie Kerntemperatur

Folgende Faktoren beeinflussen die Kerntemperatur und somit die Garzeit: Beim Grillgut muss man das Gewicht, die Größe und Form des Stücks – dünn und lang oder klein und dick –, sein intramuskuläres Fett, die Fettauflagen, mögliche Knochen und deren Größe, die Fleischart – hat es viel oder wenig Bindegewebe? –, eine mögliche Füllung und ob es zwischendurch mit Sauce oder Marinade bestrichen wird, beachten. Von Bedeutung ist auch, ob direkt oder indirekt gegrillt und wie oft der Grill geöffnet wird. Weiterhin spielen die Außentemperatur, die Grilltemperatur und die Luftfeuchtigkeit im Grill, hervorgerufen durch den Wassergehalt des Grillguts, eine Rolle. Generell gilt: Grillen ist ein Spiel zwischen Temperatur und Zeit, volle Hitze ist nicht immer gut. Ein vernünftiger Grill und ein Kerntemperaturthermometer sind die halbe Miete. Der Rest ist Erfahrung, Fingerspitzengefühl, Geschmackssache und ein Quäntchen Glück.

Rind (Roastbeef, Ribeye, Onglet, Skirt, Flank, Teres Major)

rare	medium-rare	medium	medium-well	welldone
45–50 °C	50–55 °C	56–58 °C	59–65 °C	über 65 °C

Schwein (Rücken, Nacken, Presa, Secreto, Kachelfleisch)

rare	medium-rare	medium	medium-well	welldone
–	53–55 °C	55–60 °C	60–65 °C	über 65 °C

Hähnchen (Brust, Keule)

rare	medium-rare	medium	medium-well	welldone
–	–	–	60–65 °C	über 65 °C

Lamm (Rücken)

rare	medium-rare	medium	medium-well	welldone
–	53–55 °C	56–60 °C	60–65 °C	über 65 °C

Lamm (Keule, Schulter)

rare	medium-rare	medium	medium-well	welldone
–	–	–	60–66 °C	über 66 °C

K wie Kohle

Holzkohle oder Grillbriketts? Holzkohle lässt sich schnell entzünden, man kann sofort loslegen. Mit Briketts hat man dagegen länger Hitze im Grill. Ich empfehle Buchengrillkohle und deren Briketts, aber auch Briketts aus Kokosnussschalen sind brauchbar. Tipp: Nicht überall, wo Grillkohle draufsteht, ist Holzkohle drin. Übrigens: Geschmacklich gibt es zwischen Grillgut vom Gas und dem vom Holzkohlegrill keine entscheidenden Unterschiede.

L wie Lecker

Lebensmittel sind die Rohstoffe, mit denen ich arbeite. Es gibt für mich keine gesunden oder ungesunden Lebensmittel. Ich vertrete die Meinung: Die Dosis macht das Gift. Das Wichtigste ist für mich: Lecker muss es sein.

M wie Maillardreaktion

Durch die Maillardreaktion bekommt das Grillgut braune Röstaromen. Sie setzt ein, sobald das Wasser in den Randzonen des Lebensmittels verdampft ist. Die Röstaromen entwickeln sich bei Temperaturen ab 100 °C, die eigentliche Bräunung beginnt ab einer Kontakttemperatur von 140 °C. Ziel des versierten Grillers ist es, dass sich zügig eine braune Kruste bildet, ohne dass das Fleisch darunter übergart – egal ob es vorwärts oder rückwärts gegrillt wird. Dafür schüre ich entweder meine Holzkohleglut, bis sie rot glüht, oder ich nutze die Sizzle Zone.

M wie Marinade

Marinieren ist bei dünnen Minutensteaks manchmal sinnvoll, aber bei größeren Stücken muss man auf andere Praktiken zurückgreifen, denn klassische Marinaden auf Ölbasis oder Trockenrubs würzen das Fleisch vorwiegend an den Außenflächen. Wenn ich Geschmack ins Innere bringen möchte, bleibt mir nur das Einlegen in Pökelflüssigkeit oder das Brining mit salz- und zuckerhaltigen Flüssigkeiten. Alternativ empfehle ich den Einsatz von Marinierspritzen, mit deren Hilfe die Würze ins Fleisch gespritzt wird.

N wie Nachtisch

Ein Dessert gehört für mich einfach dazu. Ich bevorzuge gegrilltes Obst mit einem schönen Spiel von Röstaromen, Fruchtsüße und etwas Säure, dazu eine cremige Sauce und eine knusprige Komponente. Auch für gegrillten Käse mit Frucht bin ich zu haben.

O wie „Ossi"-Vakuumierung

In den Zeiten, als ich noch keinen professionellen Kammervakuumierer besaß, stand ich stets vor dem Problem, Fleisch bzw. Gemüse luftdicht aufzubewahren. Und spätestens als ich mich mit dem Sous-vide-Garen beschäftigte, konnte ich Kochbeutel mit Luftblasen im Inneren nicht mehr tolerieren. Beim Experimentieren entdeckte ich schließlich den Ziploc-Beutel: einfach Wasser in ein hohes Gefäß füllen, ein Steak in den Ziploc-Beutel legen und diesen bis auf eine kleine Öffnung verschließen. Dann den Beutel unter Wasser halten, sodass der Wasserdruck die Luft komplett herausdrückt, und den Beutel vollständig verschließen. Das ist meine in Szenekreisen bekannte Ossi-Vakuumierung.

P wie Poren schließen

Die Legende, dass sich beim scharfen Anbraten die Poren schließen, sodass das Fleisch keinen Saft verliert, hält sich hartnäckig. Jedoch hat Fleisch keine Poren, die sich schließen können. Tatsache ist, dass starke, längere Hitzeeinwirkung das Kollagen zum Schrumpfen bringt und so Saft aus dem Fleisch presst. Dies zeigt sich durch das Zischen beim Anbraten von Fleisch, durch die rote Flüssigkeit auf der Fleischoberfläche und durch den Saft, der auf den Teller rinnt, noch bevor das Steak angeschnitten ist – egal ob das Fleisch zuvor scharf angebraten war oder nicht.

Q wie Qualität des Lebensmittels

Es ist fast unmöglich, anhand der Packungsangaben zu erkennen, ob man – die richtige Zubereitung vorausgesetzt – später ein schmackhaftes, saftiges Stück Fleisch auf dem Teller hat. Bezeichnungen wie „Hof Habdichlieb" sind lediglich fantasievolle Markennamen. Auch die Kennzeichnung Bio sagt nichts über den Geschmack aus. Faktoren wie das Geschlecht, das Schlachtalter, die Fütterung, die Haltung oder die Fleischreifung spielen eine große Rolle, aber das sieht man dem Fleisch in der Regel nicht an. Mein Tipp: Suchen Sie sich eine Fleischerei Ihres Vertrauens oder stellen Sie dem Personal hinter der Fleischtheke im Supermarkt einschlägige Fragen. Und dann kaufen Sie ein Stück, bereiten es auf dem Grill optimal zu, probieren es – und ziehen Ihre Schlüsse für den nächsten Einkauf.

R wie Ruhen lassen

Man lässt Fleisch ruhen, damit der Fleischsaft beim Anschneiden nicht ausläuft. Denn beim Erhitzen ziehen sich die Muskelfasern zusammen und drücken so den Fleischsaft heraus. Lässt man das Fleisch einige Minuten ruhen, dicken Eiweiße den Fleischsaft wieder ein. 5–10-minütiges Ruhen auf einem Rost an einem warmen Ort reicht. In Alufolie eingewickeltes Fleisch kühlt nicht gleichmäßig ab und verdunstendes Wasser kondensiert an der Folie. Dadurch ruinieren wir auch die Fleischkruste.

S wie Sous-vide

Die Vorteile des Sous-vide-Garens sind für mich offensichtlich: Das Gargut wird schon im Garbeutel mit Gewürzen, Kräutern und Ölen aromatisiert. Durch den minimalen Wasseraustritt bleibt das Fleisch saftig und weich, und der ideale Garpunkt lässt sich genauer steuern. Ein Beispiel: Die ideale Kerntemperatur von Rindersteak ist nicht für jeden gleich. Der eine mag es rare (52 °C) der andere medium 56 °C. Diesen genauen Punkt auf einem Grillrost hinzubekommen, der mindestens 250 °C heiß ist, ist eine Leistung.

S wie Sizzle Zone

Dem sous-vide oder auch rückwärts gegarten Fleisch fehlen Röstaromen – nun brauche ich große Hitze auf den Punkt. Dafür ist der Infrarot-Seitenbrenner, die Sizzle Zone, ideal. Bei einer Temperatur über 800 °C erreiche ich schnell meine Röstaromen, ohne dass die Kerntemperatur nach oben geht. Für Grills ohne Sizzle Zone empfehle ich eine auf hohe Temperaturen vorgeheizte Gussplatte.

S wie Steak

Oft hört man, dass ein Steak mindestens 2 Stunden vor dem Grillen aus dem Kühlschrank genommen werden soll, damit es Raumtemperatur annehmen kann, dadurch keinen Hitzeschock bekommt und saftiger bleibt. Allerdings macht dies spontanes Grillen nahezu unmöglich, und ich frage mich, ob der Schock wirklich weniger groß ist, wenn das Steak mit 20 °C statt mit 5 °C auf den 300 °C heißen Grill gelegt wird …

Also, wenn ich Lust auf ein Steak habe, nehme ich es aus dem Kühlschrank, würze es mit einer Prise Salz und warte 10–15 Minuten, bis der Grill heiß ist. Dann grille ich das Steak unter stetigem Wenden – alle 25 Sekunden –, bis es eine Kerntemperatur von 55 °C hat. Nun noch eine kleine Ruhepause und dann: Guten Appetit!

U wie Umami
Der Begriff kommt aus dem Japanischen und wird neben süß, sauer, salzig und bitter als der fünfte Geschmackssinn bezeichnet. Er gilt als Oberbegriff für herzhaft, wohlschmeckend fleischig und wird durch glutaminsäurereiche Lebensmittel wie Parmesan oder getrocknete Tomaten ausgelöst.

V wie Vegetarisch
Ich bin überzeugt, dass mehr Menschen öfter vegetarisch essen würden, wenn sie Gemüse besser zubereiten könnten. Der größte Feind vieler Gemüsesorten ist Wasser, da es sie auslaugt. Gemüse besteht zu einem großen Teil aus Wasser – mit ein wenig Geschmack drumherum. Es gilt, das Wasser beim Grillen zu reduzieren, sodass viel Geschmack und Textur übrig bleiben, die man dann mit Salz, Gewürzen und Butter oder Olivenöl unterstreicht.

W wie Wintergrillen
Folgende Dinge sollte man beim Grillen im Winter unbedingt beachten: Bei kalter Witterung ist ein Deckel unabdingbar, um eine brauchbare Temperatur auf dem Grill zu erzeugen und zu halten.

Auch auf das Gas sollte man ein Auge haben. Bei portablen Grills wird oft mit Gaskartuschen gearbeitet, die einen höheren Butananteil haben. Mit dieser Mischung wird Grillen unter 5 °C fast unmöglich. Bei Propangasflaschen ist das kein Problem. Allerdings kann es auch hier passieren, dass die Flasche einfriert, wenn bei einem größeren Grill alle Brenner auf Volldampf laufen. Dafür gibt es Armaturen, mit denen man zwei Flaschen in Reihe schalten kann, sodass der Grill aus beiden Gas zieht.

Bei der Zeitplanung sollte man beachten, dass größere Fleischstücke bei Kälte unter Umständen eine längere Garzeit haben. Um unnötiges Deckellüften zu vermeiden, empfehle ich ein Kerntemperaturthermometer. Hinsichtlich der Essenswahl bin ich beim Wintergrillen ein Fan von Faustfood – Burger, Wraps, Spieße. Sie sind praktischer, da die Gäste meistens stehen, und sie werden schneller gegessen. Bedenken sollte man auch, dass Saucen in der Kälte fest werden können. Praktisch ist hier eine mit Wärmeakkus (Kühlakkus, die man zuvor in heißes Wasser legt) ausgestattete Kühlbox.

Als Beilage bevorzuge ich warme Komponenten – an einer warmen Folienkartoffel kann man sich auch mal die Finger wärmen. Und Porzellan- oder Glasteller sollte man vorwärmen oder man greift zu Einweggeschirr, zum Beispiel aus Holz oder Zuckerrohr. Für die Getränke funktionieren Sie einen Grill als Hot-Bar um und stellen Töpfe, zum Beispiel mit Glühwein, heißem Caipi oder Fruchtsäften darauf. Ein Dessert darf natürlich auch nicht fehlen. Bratapfel oder gegrillte Banane machen nicht viel Aufwand und sind der krönende Abschluss für ein Wintergrillmenü. Beim Grillen in der dunklen Jahreszeit ist natürlich die Beleuchtung auf dem Grill wichtig. Einige Grills haben sogar eine Innenbeleuchtung und als Zubehör gibt es Strahler, die man am Deckel befestigt. Ansonsten ist es wichtig, dass der Platz um den Grill herum beleuchtet ist. Ich empfehle auch einen Infrarotstrahler als Licht- und Hitzequelle.

X wie Xmas
Auch zu Weihnachten ist Grillen ein Thema. Zum einen kann man begeisterte Griller mit Geschenken – neues Zubehör, interessante Grillbücher, Gutscheine für Grillseminare – glücklich machen. Zum anderen wird in den vorweihnachtlichen Wintergrillseminaren sehr oft gezeigt, wie man eine Weihnachtsgans samt Beilagen auf dem Grill bereitet. Ich bin ein großer Freund von Ente am Spieß. Und auf immer mehr Weihnachtsmärkten findet man den BBQ-Klassiker Pulled Pork. Nicht zu vergessen die Silvester-Grillparty und das neujährliche Jahresangrillen. Einige Menüvorschläge habe ich auf Seite 216 zusammengestellt.

Z wie Zubehör
Die Auswahl auf dem Zubehörmarkt ist riesig. Vieles ist meines Erachtens überflüssig, eine kleine Grundausrüstung erfüllt ihren Zweck (siehe Seiten 14–21). Ich trage beim Grillen meistens schwarze Grillhandschuhe aus Latex, denn damit kann ich ganz gut auf dem Grill hantieren. Und meine Grillzangen dürfen nicht zu lang sein, müssen gut in der Hand liegen und dürfen keinen komplizierten Schließmechanismus haben.

SAISONKALENDER

FISCHE & MEERESFRÜCHTE

Auch Fisch sollte saisonal eingekauft werden. Zum einen aus Gründen des Artenschutzes, aber manche Fische, wie der Hering, schmecken auch je nach Saison unterschiedlich. Aus den Fängen des Frühsommers, wenn der Hering relativ fett und noch nicht fortpflanzungsreif ist, wird Matjes hergestellt. Die Atlantische Makrele dagegen ist im Frühherbst am schmackhaftesten. Dann hat sie sich vom Ablaichen regeneriert. Im Frühjahr ist sie relativ mager, da sie den Winter fastend in tieferen Gewässern verbringt.

Legende: V = verfügbar, H = Hochsaison, – = nicht verfügbar

Fisch / Meeresfrucht	Jan	Feb	März	April	Mai	Juni	Juli	Aug	Sept	Okt	Nov	Dez
Aal, europäischer	V	V	V	V	V	V	V	V	V	V	V	–
Auster	V	V	V	V	V	V	V	V	V	V	V	V
Dorade, Goldbrasse	V	V	V	V	V	H	H	H	H	H	H	V
Dreiecksmuschel	V	V	V	V	V	V	V	V	V	V	V	V
Flussbarsch	V	V	V	V	V	V	V	V	V	V	V	V
Flusskrebse	V	V	V	V	V	V	V	V	V	V	V	V
Forelle	V	V	H	H	H	H	H	H	V	V	V	V
Hai	V	V	V	V	V	V	V	V	V	V	V	V
Hecht	V	V	V	–	–	V	V	V	V	V	V	V
Heilbutt	H	H	V	V	V	V	V	V	H	H	H	H
Hering	V	V	V	V	V	V	V	V	V	V	V	V
Herzmuschel	V	V	V	–	–	–	V	V	V	V	V	V
Hornhecht	–	–	–	V	V	V	V	–	–	–	–	–
Hummer	V	V	V	V	V	V	V	V	V	V	V	V
Kabeljau, Dorsch	H	H	H	H	V	V	V	H	H	H	H	V
Kaisergranat	V	V	V	V	V	V	V	V	V	V	V	V
Karpfen	V	V	V	V	V	V	V	V	V	V	V	V
Knurrhahn, roter	V	V	V	V	V	V	V	V	V	V	V	V
Königskrabbe	V	V	V	V	V	V	V	V	V	V	V	V
Makrele	V	V	V	–	–	V	V	V	V	V	V	V
Meeräsche	V	V	V	V	V	V	V	V	V	V	V	V
Meeresschnecken	V	V	V	V	V	V	V	V	V	V	V	V
Miesmuschel	V	V	V	–	–	–	V	V	V	V	V	V
Nordseegarnele	V	V	V	V	V	V	V	V	V	V	V	V
Oktopus, Kalmar, Sepia	V	V	V	V	V	V	V	V	V	V	V	V
Pangasius	V	V	V	V	V	V	V	V	V	V	V	V
Pilger-, Jakobsmuschel	V	V	V	V	V	V	V	V	V	V	V	V

Fisch / Meeresfrucht	Jan	Feb	März	April	Mai	Juni	Juli	Aug	Sept	Okt	Nov	Dez
Plattfische	V	V	V	V	V	V	V	V	V	V	V	V
Red Snapper	V	V	V	V	V	V	V	V	V	V	V	V
Rochen	V	V	V	V	V	V	V	V	V	V	V	V
Rotbarsch	V	V	V	V	V	V	V	V	V	V	V	V
Rote Meerbarbe	V	V	V	V	V	V	V	H	H	H	H	V
Saibling	V	V	V	V	V	V	V	V	V	V	V	V
Sardelle, europäische	V	V	V	V	V	V	V	V	V	V	V	V
Sardine	V	V	V	V	V	V	V	V	V	V	V	V
Schellfisch	V	V	V	V	V	–	–	–	–	V	V	V
Schwertfisch	V	V	V	V	V	V	V	V	V	V	V	V
Seehecht	V	V	V	V	V	V	V	V	V	V	V	V
Seeigel	V	V	V	V	V	–	–	–	V	V	V	V
Seelachs, Köhler	V	V	V	V	V	V	V	V	V	V	V	V
Seeteufel	V	V	V	V	V	V	V	V	V	V	V	V
Steinbeißer	V	V	V	V	V	V	V	V	V	V	V	V
Steinbutt	V	V	V	–	–	V	V	V	V	V	V	V
Stör	V	V	V	V	V	V	V	V	V	V	V	V
Taschenkrebs	V	V	V	V	V	V	V	V	V	V	V	V
Thunfisch	V	V	V	V	V	V	V	V	V	V	V	V
Tiger Prawn	V	V	V	V	V	V	V	V	V	V	V	V
Tilapia	V	V	V	V	V	V	V	V	V	V	V	V
Venusmuschel	V	V	V	V	V	V	V	V	V	V	V	V
Wels, Waller, europäischer	V	H	H	H	H	V	V	H	H	H	H	V
Wolfsbarsch, europäischer	V	V	V	V	V	–	–	–	V	V	V	V
Zander	V	V	V	V	V	V	V	V	V	V	V	V

verfügbar
Hochsaison
nicht verfügbar

OBST UND GEMÜSE

Selbstverständlich ist für mich das Bevorzugen von saisonalen Produkten. Sie sind gut für die Umwelt, da sie häufig aus der Region kommen, und sie schmecken besser, da sie ausreifen konnten bzw. frisch geerntet im Regal landen. Wenn man dann noch einen Biobauern um die Ecke hat, ist das umso besser.

Legende:
- frisch
- Lagerware
- frisch und Lagerware
- nicht regional verfügbar

Obst
- Äpfel
- Aprikosen
- Birnen
- Brombeeren
- Cranberry
- Erdbeeren
- Heidelbeeren
- Himbeeren
- Johannisbeeren
- Jostabeeren
- Kirschen
- Mirabellen
- Nekatrinen
- Pfirsiche
- Pflaumen
- Preiselbeeren
- Quitten
- Renekloden
- Stachelbeeren
- Trauben
- Zwetschgen

Gemüse
- Aubergine
- Bärlauch
- Blumenkohl
- Brokkoli
- Chinakohl
- Dicke Bohnen
- Einlegegurken
- Erbsen
- Fenchel
- Frühlingszwiebeln
- Gemüsemais
- Grüne Bohnen
- Grünkohl
- Herbstrübe
- Karotten
- Kartoffeln
- Knoblauch
- Knollensellerie
- Kohlrabi
- Kürbis
- Lauch
- Mairübe
- Mangold
- Meerrettich
- Pak Choi
- Paprika
- Pastinake
- Petersilienwurzel
- Portulak
- Radieschen
- Rettich
- Rhabarber
- Romanesco
- Rosenkohl
- Rote Bete
- Rotkohl
- Rübstiel
- Salatgurken
- Schmorgurken
- Schnittknoblauch
- Schwarzwurzel
- Spargel
- Spinat
- Spitzkohl
- Stangensellerie
- Steckrübe
- Teltower Rübchen
- Tomaten
- Topinambur
- Weißkohl
- Winterrettich
- Wirsing
- Zucchini
- Zwiebeln

Salat
- Batavia
- Chicorée
- Eichblattsalat
- Eisbergsalat
- Endivien, Frisée
- Feldsalat
- Kopfsalat
- Lollo rosso, biondo
- Löwenzahn
- Postelein
- Radicchio
- Romana
- Rucola
- Zuckerhut

JETZT WIRD EIN-GEHEIZT

REZEPTE

RIND

Ein gutes Rindersteak symbolisiert wie wohl kein anderes Lebensmittel die maskuline Seite des Grillens. Was wäre ein zünftiger Grillabend ohne ein auf den Punkt gegartes Steak, welches nur etwas Salz und vielleicht ein wenig frisch gemahlenen Pfeffer braucht. Rindfleisch ist immer ein Genuss: sehr kurz und heiß angegrillt als Tataki, in Form eines klassischen Burgers, als Steak, egal ob rare oder medium – durchgebraten geht gar nicht! – oder das Brisket als ursprüngliches BBQ-Langzeitgericht aus dem Smoker. Schnitte wie Teres Major, Onglet oder Flanksteak lassen heute die Herzen der Fleischkenner höher schlagen, aber bis dahin war es ein langer Weg. Das Rind ist neben dem Schwein das erste Tier, das der Mensch domestiziert hat, damit es ihn als Arbeitstier sowie als Fleisch- und Milchlieferant begleitet. Heute ist das Rind bei uns fast ausschließlich Fleisch- und Milchlieferant. Dabei setzt man vermehrt auf Rassen, die zur Fleischproduktion geeignet sind. Dazu zählen Black Angus, Hereford, Limousin, Charolais, Simmentaler, Wagyu und der Weißblaue Belgier. Das Chianina-Rind, die größte Rinderrasse der Welt, ist ein typisches Beispiel, wie sich aus einem Arbeitsrind über die Jahre eine reine Fleischrasse entwickelt hat. Sein Porterhouse-Steak ist bekannt als Bistecca alla fiorentina.

RIBS

ONGLET

STEAK

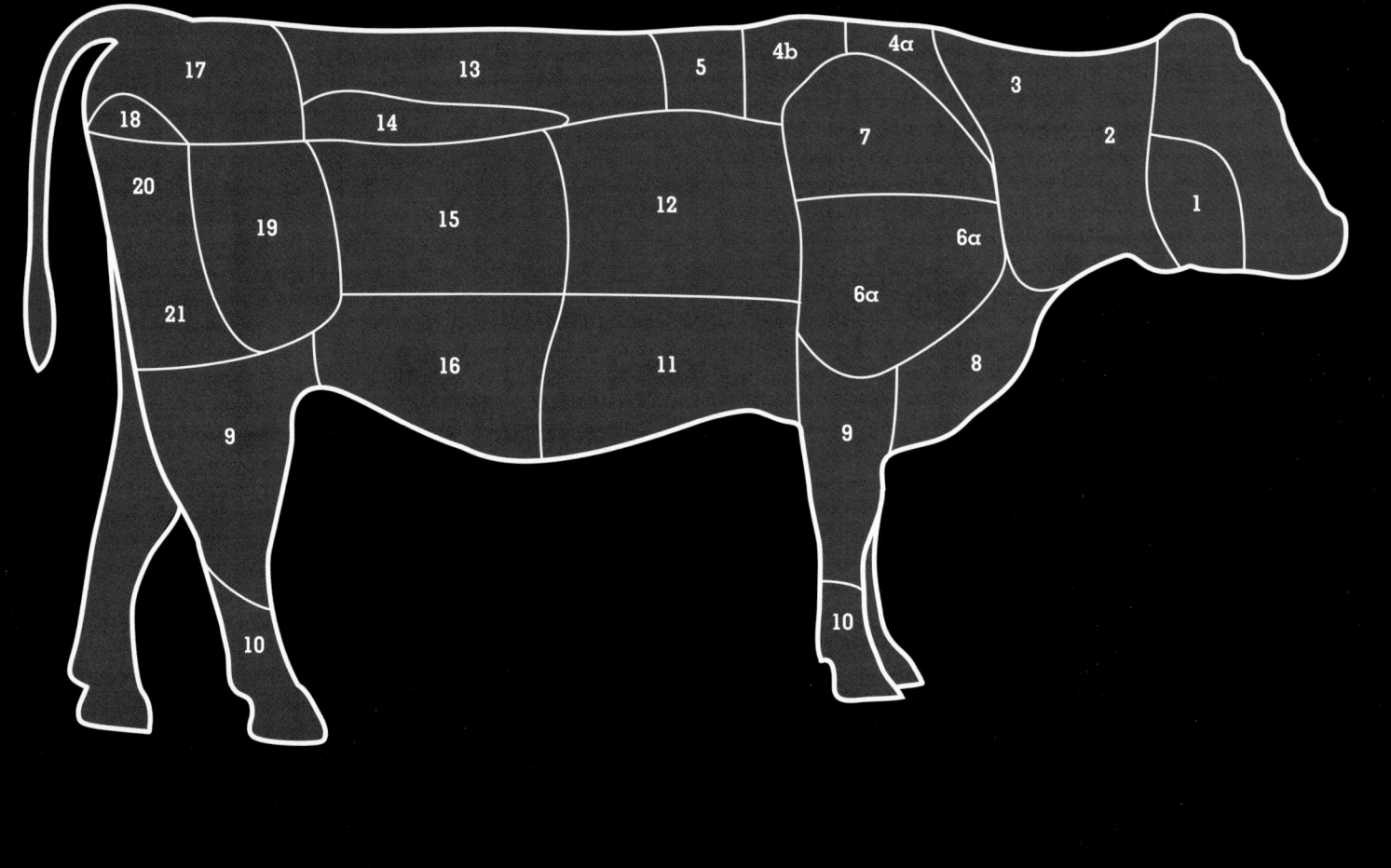

1 Backe
2 Nacken
3 Kamm, Halsgrat
4a Fehlrippe
4b Hohe Rippe
5 Hochrippe
6a Falsches Filet
6b Dickes Bugstück
7 Schulter
8 Brust
9 Hesse / Wade
10 Fuß
11 Brustkern
12 Querrippe
13 Roastbeef
14 Filet
15 Rippe / Lappen
16 Bauchlappen
17 Steakhüfte
18 Tafelspitz
19 Kugel / Nuss / Bürgermeisterstück
20 Oberschale
21 Unterschale, Schwanzschale

DIE BESTEN STÜCKE

Die kulinarische Globalisierung hat auch bei den verschiedenen Fleischschnitten nicht haltgemacht. Nachdem BSE weitgehend aus dem Bewusstsein des Verbrauchers verschwunden war, wurde Anfang des 21. Jahrhunderts – und das meist nur bei besonderen Gästen – ein Stück Rinderfilet oder Roastbeef auf den Grill gelegt. Doch mittlerweile wächst in Mitteleuropa, speziell in Deutschland, der Bedarf an schmackhaftem hochwertigem Fleisch kontinuierlich (die stetig wachsende Grillszene hat daran keinen unbeträchtlichen Anteil). Dieser wird in erster Linie durch Importe aus Amerika, Kanada und Irland abgedeckt. Das südamerikanische Fleisch erfreut sich auch großer Beliebtheit, kommt aber meiner Meinung nach geschmacklich nicht an das Fleisch aus den oben genannten Ländern heran. Mit den Fleischlieferungen kamen aber nicht nur bekannte Schnitte wie Filet oder Roastbeef nach Europa, sondern auch Teile, die aus europäischer Sicht aus minderwertigen Teilen geschnitten und zum Kurzbraten nicht geeignet waren. Doch das Gegenteil ist der Fall: Schmackhafte Stücke wie das Flanksteak, welches der deutsche Metzger als Bauchlappen bezeichnet, oder das Skirt werden immer beliebter. Auch ich bin stets auf der Suche nach mir noch unbekannten, schmackhaften Schnitten, die richtig zubereitet saftig und zart sind.

Jedoch hat auch Deutschland in den letzten Jahren bei der Aufzucht von hochwertigen Fleischrindern beachtliche Erfolge erzielt. Dabei ist es nicht damit getan, schmackhafte Rinder großzuziehen, sondern auch die Methoden der Schlachtung und der Fleischveredlung, sprich Reifung, haben sich positiv entwickelt.

Für den Griller ist es hierzulande aber immer noch ein Problem, flächendeckend hochwertiges Rindfleisch aus deutschen Landen zu bekommen. Und wenn es doch mal so ist, erkennt er es nur mit geschultem Auge. Ein für den Endverbraucher nachvollziehbares System zur Beurteilung der Fleischqualität wie in den USA oder Australien wäre meiner Meinung nach sehr hilfreich.

Steaks wie Porterhouse, T-Bone oder das Tomahawk sucht man in diesem Buch vergeblich. Beim Kauf eines solchen Teils erwirbt man nämlich zugleich ein Stück Rinderknochen für einen immensen Preis. Abgesehen davon verhindert der Knochen ein gleichmäßiges Erwärmen des Fleisches: Er nimmt auch Wärme auf, sodass das Fleisch unmittelbar am Knochen erst später die gewünschte Kerntemperatur erreicht.

Es gibt aber auch Gründe, die für diese Steaks sprechen: Die Wertschöpfung des Tieres ist höher, wenn man einige Knochen zum Steakpreis verkaufen kann, anstatt sie anderweitig zu verarbeiten. Wie das „perfekte Steak" aussehen und zubereitet werden muss, ist ein großes Thema – allein darüber ließe sich ein eigenes Buch schreiben. Einige Tipps und Tricks finden Sie aber schon hier auf Seite 24.

DAS AROMA

Das Fleisch vom Rind schmeckt ein wenig salzig – auch der Begriff umami trifft es ganz gut – und besitzt eine leichte Süße und Säure, sofern es nicht totgebraten ist. Sein Geschmack hängt aber auch von der Reifung ab: Dry-Age-Fleisch schmeckt nussig, mageres Wet-Age-Fleisch dagegen häufig sehr metallisch. Ein besonderes Verhältnis hat Rind zu scharfen Zutaten wie Senf, Meerrettich oder Chili, aber auch kombiniert mit Birne (Korean-BBQ), Kokos und Tomate ist es köstlich. Bei den Kräutern ist man neben den Klassikern wie Rosmarin und Thymian auch mit Dill, Brunnenkresse, Koriander und Minze gut dabei. Weitere passende Aromaten sind unter anderem Zimt, Ingwer und Kaffee.

ENTRECOTE
DEKONSTRUIERT

Das Entrecote, als Steak geschnitten auch Ribeye genannt, besteht aus mehreren Muskelsträngen, die größten sind der *longissimus dorsi* und der *spinalis dorsi*. Ersterer, auch Ribeye-Kern genannt, ist die Verlängerung des Roastbeefs nach vorn und somit ein Teil der Rückenmuskulatur, welche rechts und links der Wirbelsäule sitzt und diese stützt. Zweitgenannter, der quasi wie ein Deckel auf dem ersten liegt und deshalb Ribeye-Cap genannt wird, gehört zur Atemmuskulatur und ist dadurch ständig in Bewegung. In der Regel nehme ich das Entrecote auseinander und bereite entweder den Kern oder den Deckel zu. Der Deckel ist für mich das beste Stück am Rind, das Edelteil.

RIBEYE-CAP

FÜR 4 PERSONEN ALS HAUPTGERICHT
ZUBEREITUNG: 20 MINUTEN
SCHWIERIGKEIT: ●●○

1 Ribeye-Cap (etwa 800 g),
  aus dem Entrecote geschnitten
fermentierter schwarzer Pfeffer
Meersalz

1. Das Ribeye-Cap parieren und auf den heißen Grill legen. 7–10 Minuten grillen, bis das Fleisch eine Kerntemperatur von 55 °C erreicht hat, dabei alle 30 Sekunden wenden.

2. Das Fleisch in vier Portionen schneiden, salzen, pfeffern und servieren.

RIBEYE-KERN

FÜR 4 PERSONEN ALS HAUPTGERICHT
ZUBEREITUNG: 1 STUNDE
SCHWIERIGKEIT: ●●○

800 g Ribeye-Kern

1. Das Fleisch in etwa 4 cm dicke Steaks schneiden und rückwärts grillen. Vor dem Servieren nach Geschmack würzen.

ROASTBEEF-TATAKI

FÜR 4 PERSONEN ALS VORSPEISE
ZUBEREITUNG: 30 MINUTEN
SCHWIERIGKEIT: ✪✪✪

---

1 Knoblauchzehe
abgeriebene Schale von
　1 unbehandelten Zitrone
frisch gemahlener Pfeffer
200 g Roastbeef
50 g Parmesan, frisch gerieben
2 EL Olivenöl
Salz

1. Die Knoblauchzehe schälen, halbieren und damit eine Servierplatte einreiben. Mit Zitronenschale und frisch gemahlenem Pfeffer bestreuen.

2. Das Fleisch von allen Seiten scharf angrillen, es soll im Inneren nicht garen, sondern durch das Grillen lediglich an den Außenflächen Röstaromen erhalten. Das Roastbeef vom Grill nehmen und mit einem scharfen Messer in sehr dünne Scheiben wie für ein Carpaccio schneiden.

3. Die Fleischscheiben ausstreichen oder mit einem Plattiereisen flach drücken und auf der Servierplatte verteilen. Das Roastbeef-Tataki salzen, pfeffern, mit dem geriebenen Parmesan bestreuen und mit dem Olivenöl beträufeln.

Für dieses Tataki nehme ich gerne das Endstück zum Tafelspitz hin, da sich daraus keine schönen Steaks mehr schneiden lassen.

KACHELFLEISCH
MIT FENCHEL

FÜR 4 PERSONEN ALS HAUPTGERICHT
ZUBEREITUNG: 30 MINUTEN
SCHWIERIGKEIT: ★★☆

---

2 Knollen Fenchel
2 EL Olivenöl
Saft von ½ Zitrone
2 EL Butter
4 Zweige Thymian, Blätter abgezupft
2 Stück Kachelfleisch à 200–250 g
Salz, frisch gemahlener Pfeffer

1. Von dem Fenchel die harten Außenblätter und den Strunk entfernen und die Knollen in 1–2 cm dicke Scheiben schneiden. Das Gemüse leicht salzen und 5 Minuten ziehen lassen. Dann mit etwas Olivenöl bestreichen und von beiden Seiten 5 Minuten direkt bei mäßiger Hitze grillen, bis sich leichte Röststellen bilden. Den Fenchel auf die indirekte Zone des Grills legen und etwa 20 Minuten bei 120 °C weitergaren.

2. Den Zitronensaft, die Butter, den Thymian und das restliche Olivenöl in einer Aluschale auf dem Grill erwärmen.

3. Währenddessen das Kachelfleisch direkt auf der heißen Seite des Grills etwa 6 Minuten grillen, dabei alle 30 Sekunden wenden; zwischenzeitlich die Kerntemperatur des Fleischs messen. Sobald diese 55 °C erreicht hat, das Fleisch vom Grill nehmen und 5 Minuten ruhen lassen.

4. Zum Servieren das Kachelfleisch in Scheiben schneiden und auf dem Fenchel anrichten. Beides mit Salz und Pfeffer würzen und mit der warmen Zitronensaft-Olivenöl-Butter beträufeln.

Kachelfleisch, auch Spiegelfleisch oder Fledermausl genannt, ist ein weniger bekanntes Stück. Dabei ist es – egal ob vom Schwein oder Rind – ein sehr schmackhafter Schnitt. Das ovale, etwa 1 cm dicke und beim Rind handtellergroße Stück befindet sich am hinteren Teil des Tiers auf dem Schlossknochen. In guten Metzgereien sollte es auf Bestellung erhältlich sein. Man bekommt es auch bei einigen Händlern im Internet.

BAGUETTE-SANDWICH MIT RINDERHÜFTE

FÜR 4 PERSONEN ALS HAUPTGERICHT
ZUBEREITUNG: 1 STUNDE
SCHWIERIGKEIT: ★★☆

500 g Schalotten
2 TL Puderzucker
2 EL Butter
100 ml trockener Rotwein
½ TL Thymianblättchen,
    plus Thymian zum Bestreuen
Salz, frisch gemahlener Pfeffer
1 kg Rinderhüfte
1 Baguette
2 Tomaten
1 Romanasalat

FÜR DIE MAYONNAISE
3 EL Mayonnaise
2 TL körniger Senf
1 Spritzer Zitronensaft
Salz, frisch gemahlener Pfeffer

1. Die Schalotten schälen und längs halbieren.

2. Den Puderzucker in einer Grillpfanne schmelzen lassen, die Butter und die Schalotten dazugeben und kurz karamellisieren. Die Pfanne mit dem Rotwein ablöschen, den Thymian zufügen und die Schalotten etwa 15 Minuten unter gelegentlichem Rühren garen, bis sie weich sind und der Rotwein um die Hälfte reduziert ist. Mit Salz und Pfeffer abschmecken.

3. Während die Schalotten garen, den Hüftstrang der Länge nach halbieren und beide Teile auf dem heißen Grill von allen Seiten scharf angrillen. Dann bei etwa 120 °C indirekt weitergrillen, bis das Fleisch eine Kerntemperatur von 57 °C erreicht hat; vom Grill nehmen und 5 Minuten warm stellen.

4. Inzwischen das Baguette längs halbieren; den Deckel beiseitelegen. Die Tomaten in etwa 1 cm dicke Scheiben schneiden und die Salatblätter voneinander trennen. Beides kurz grillen, bis sich Röststellen bilden. Sämtliche Zutaten für die Mayonnaise miteinander verrühren.

5. Die untere Schnittfläche des Baguettes ebenfalls angrillen, dann mit der Würzmayonnaise bestreichen. Die Tomaten und den Salat darauf verteilen. Das Fleisch in etwa 5 mm dünne Scheiben schneiden und das Baguette damit großzügig belegen, salzen und pfeffern. Die warmen Rotweinschalotten als Topping daraufgeben und mit ein paar Thymianblättern garnieren. Den Baguettedeckel wieder auflegen und das Baguette-Sandwich in mundgerechte Teile schneiden.

PHILLY-CHEESESTEAK-SANDWICH

FÜR 4 PERSONEN ALS HAUPTGERICHT
ZUBEREITUNG: 45 MINUTEN
SCHWIERIGKEIT: ✪✩✩

---

800 g Skirtsteak (Saumfleisch)
150–200 g Provolone
1 Gemüsezwiebel
2 EL Teriyakisauce
4 Scheiben Sandwichtoast
Salz, frisch gemahlener Pfeffer

1. Das Fleisch parieren und die Fettabschnitte in kleine Würfel schneiden. Die Abschnitte in eine Gusspfanne geben, die Pfanne auf den Seitenbrenner setzen und das Fett schmelzen lassen.

2. Den Provolone in zwei 2–3 cm dicke Scheiben schneiden und beiseitelegen. Die Zwiebel schälen und in feine Scheiben schneiden. Die Zwiebelscheiben in dem ausgelassenen Fett in der Pfanne braten, bis sie braun sind, dann mit der Teriyakisauce ablöschen; beiseitestellen.

3. Den Grill auf maximal 120 °C vorheizen und das Fleisch indirekt grillen, bis es eine Kerntemperatur von 53 °C erreicht hat. Den Provolone auf eine Räucherplanke aus Ahorn oder Zeder legen und diese direkt über den arbeitenden Brenner auf den Grill geben. Das Brett beginnt zu rauchen und verleiht dem Fleisch und Käse eine Rauchnote, gleichzeitig beginnt der Käse zu schmelzen.

4. Das Fleisch vom Grill nehmen und warm stellen. Den Grill auf maximale Hitze hochheizen. Das Steak wieder auf den Grill legen und auf jeder Seite etwa 20 Sekunden grillen, bis sich ein Grillmuster gebildet hat. Dadurch bekommt es Röstaromen. (Wer einen Grill mit Sizzle Zone von Napoleon besitzt, kann das Fleisch aus dem Garraum nehmen und sofort auf der Sizzle Zone fertig grillen.)

5. In der Zwischenzeit die Brote toasten und die Zwiebeln darauf verteilen. Das Fleisch in dünne Scheiben schneiden, salzen, pfeffern und auf den Broten anrichten. Den weichen Provolone darübergeben und die Sandwiches servieren.

Hier wird mit einer Räucherplanke aus Ahorn oder Zeder gearbeitet. So bekommen Fleisch und Käse ein unvergleichliches, zartes Raucharoma.

FLANKSTEAK-GUACAMOLE-ROLLS

FÜR 4 PERSONEN ALS VORSPEISE
ZUBEREITUNG: 30 MINUTEN
SCHWIERIGKEIT: ●●○

---

800 g Flanksteak
1 Maiskolben
Salz
Butter
1 Fleischtomate
4 Tortillas (18 cm Durchmesser)
Koriandergrün, fein geschnitten, zum Garnieren
1 EL Sesam zum Garnieren
2 Frühlingszwiebeln, in feine Ringe geschnitten, zum Garnieren

FÜR DIE GUACAMOLE
2 Avocados
Saft von ½ Limette
3 TL gehacktes Koriandergrün
1 mittelgroße rote Zwiebel, fein gewürfelt
½ rote Chilischote, Kerne entfernt, fein gewürfelt
Salz

1. Die Flanksteaks von beiden Seiten leicht salzen und für 10 Minuten beiseitestellen. Den Maiskolben leicht salzen, mit Butter einstreichen und dann 10 Minuten bei 150 °C grillen, bis er leichte Röststellen bekommt. Vom Grill nehmen, abkühlen lassen und die Körner abschneiden.

2. Für die Guacamole die Avocados halbieren und den Kern entfernen. Das Fruchtfleisch auslöffeln, in eine Schüssel geben und mit einer Gabel zerdrücken. Die anderen Zutaten gut unterrühren. Den Mais dazugeben.

3. Das Steak 5–10 Minuten auf dem heißen Grill grillen, dabei alle 30 Sekunden wenden. Es ist fertig, wenn seine Kerntemperatur 56 °C beträgt. Diese nach 4 Minuten das erste Mal messen, um die restliche Grillzeit abschätzen zu können. Das Fleisch vom Grill nehmen und warm stellen.

4. Die Tomate halbieren, das weiche Innere entfernen. Das Fruchtfleisch zuerst in 1 cm breite Ringe und dann in Streifen schneiden. Die Tortillas an vier Seiten so begradigen, dass sie fast quadratisch sind (12–14 cm Kantenlänge) und nebeneinander auf die Arbeitsplatte legen.

5. Das Fleisch gegen die Faser in lange, etwa 1 cm dicke Streifen schneiden. Auf den Rand einer jeden Tortilla einen Streifen aus etwa 3 EL Guacamole geben und die Tortilla mit einer Umdrehung leicht einrollen. Je zwei Fleisch- und Tomatenstreifen abwechselnd auf der Tortilla anordnen und diese komplett aufrollen. Die Tortillas mit der Fleischseite nach unten auf den Grill legen, damit sie an dieser Stelle die Röstaromen annehmen und kross werden. Die Guacamole sollte kalt bleiben.

6. Die Tortillas in 3 cm lange Stücke schneiden und mit Koriandergrün, einer Prise Sesam und Frühlingszwiebelringen garnieren.

BULGOGI

FÜR 4 PERSONEN ALS VORSPEISE
MARINIEREN: 4 STUNDEN
ZUBEREITUNG: 30 MINUTEN
SCHWIERIGKEIT: ✪✪✩

---

400 g Roastbeef
3 Karotten
5 Minigurken
1 EL Salz
1 EL Zucker
2 EL Reisessig
5 cm Rettich
1 Romanasalat

FÜR DIE MARINADE
2 Birnen
Saft und Schale von
   1 unbehandelten Zitrone
2 EL Reiswein
1 TL Sesamöl
1 TL Sesam
1 Knoblauchzehe
2 EL Sojasauce
1 TL Zucker
1 Prise Salz

1. Das Roastbeef in etwa 1 cm dünne, mundgerechte Scheiben schneiden und diese von beiden Seiten leicht salzen.

2. Für die Marinade die Birnen grob reiben und mit den anderen Zutaten in einer Schüssel gut verrühren. Die Rindfleischscheiben dazugeben, in der Marinade wenden und für 4 Stunden in den Kühlschrank stellen.

3. Die Karotten und Gurken in feine Scheiben hobeln und mit dem Salz, Zucker und Essig vermengen. Den Rettich ebenfalls fein hobeln und die Streifen auf einem Schneidbrett verteilen, damit sich die scharfen Senföle ein wenig verflüchtigen. Die Salatblätter voneinander trennen, waschen und trocken tupfen. Die Karotten- und Gurkenscheiben sowie den Rettich auf den Salatblättern anrichten.

4. Das Fleisch aus der Marinade nehmen, abtupfen und auf dem heißen Grill maximal 2 Minuten von beiden Seiten grillen, dabei zweimal wenden. Die Roastbeefscheiben ebenfalls auf den Salat geben und servieren. Wer mag, kann die so belegten Salatblätter noch aufrollen.

Bulgogi, wörtlich übersetzt Feuerfleisch, ist ein koreanisches BBQ.

ROASTBEEF
AUF BROTSALAT

FÜR 4 PERSONEN ALS HAUPTGERICHT
ZUBEREITUNG: 45 MINUTEN
SCHWIERIGKEIT: ✪✪✪

---

800 g Roastbeef
1 Bund Thymian
1 Bund Basilikum
1 Bund Petersilie
100 g Weißbrot
100 g Graubrot (Mischbrot)
4 feste Tomaten
1 rote Zwiebel
Salz
Olivenöl
Parmesan
frisch gemahlener Pfeffer

FÜR DAS DRESSING
100 ml Olivenöl
30 ml Rotweinessig
1 TL Senf
Salz, frisch gemahlener Pfeffer

1. Das Fleisch parieren. Das überschüssige Fett in kleine Würfel schneiden und in eine Gusspfanne geben. Das Fleisch in vier gleich große Steaks schneiden und mit einer Prise Salz pro Seite würzen. Die Steaks indirekt etwa 40 Minuten bei etwa 110 °C grillen, bis sie eine Kerntemperatur von 55 °C haben, dabei zweimal wenden.

2. Die Pfanne mit den Fettwürfeln direkt über die Hitze stellen, den Thymian dazugeben und das Fett auslassen. Während des Grillens das Fleisch immer mal in das Fett tauchen.

3. Die Zutaten für das Dressing verrühren und mit je einer Prise Salz und Pfeffer würzen. Die Basilikum- und Petersilienblätter fein schneiden.

4. Beide Brotsorten in 3–4 cm große Stücke schneiden und mit 2–3 EL Dressing vermischen. Die Brotstücke auf Spieße stecken und unter mehrmaligem Wenden auf dem Grill direkt anrösten. Die Tomaten längs halbieren und direkt für 5 Minuten auf den Schnittflächen grillen.

5. Die Zwiebel schälen, in feine Streifen schneiden und in eine Schüssel geben. Die Tomaten vom Grill nehmen und in Würfel schneiden. Das Brot von den Spießen streifen, mit den Tomaten und den geschnittenen Kräutern in die Schüssel geben und das restliche Dressing untermischen.

6. Das Fleisch vom Grill nehmen, warm stellen und den Grill hochheizen. Die Steaks auf dem heißen Grill von jeder Seite zweimal etwa 30 Sekunden grillen, dabei bei jedem Wenden um 45° versetzen, damit sie ein dekoratives Röstmuster bekommen. Das Fleisch in 1–2 cm dicke Streifen schneiden, auf dem Brotsalat verteilen, mit Salz und Pfeffer würzen, mit ein paar Tropfen Olivenöl beträufeln und ein paar Parmesanspäne darüberhobeln.

RINDERBÄCKCHEN AM SPIESS

FÜR 4 PERSONEN ALS HAUPTGERICHT
SOUS-VIDE-GAREN: 36 STUNDEN
ZUBEREITUNG: 45 MINUTEN
SCHWIERIGKEIT: ✪✪✩

---

4 Rinderbäckchen
4 EL BBQ-Gewürz
   (z. B. Basic Rub auf Seite 211)
200 ml BBQ-Sauce (siehe Seite 206)

1. Die Bäckchen parieren und mit BBQ-Rub würzen. Das Fleisch vakuumieren und 36 Stunden sous-vide bei 63 °C garen.

2. Den Vakuumbeutel öffnen, das Fleisch herausnehmen, trocken tupfen und jeweils ein Bäckchen auf einen Spieß stecken. Die Spieße auf dem Grill fixieren, die Bäckchen mit BBQ-Sauce bestreichen und 30 Minuten bei etwa 120 °C glasieren. Währenddessen mehrfach mit BBQ-Sauce bestreichen.

CHUCK SHORT RIBS

FÜR 4 PERSONEN ALS HAUPTGERICHT
ZUBEREITUNG: 8 STUNDEN
SCHWIERIGKEIT: ✪✪✪

---

4 Chuck Short Ribs à 300 g
1 Apfel
100 g BBQ-Gewürz
   (z. B. Basic Rub auf Seite 211)
2 TL Thymianblättchen
3 Zweige Rosmarin
2 EL Butter
200 ml BBQ-Sauce (siehe Seite 206)

1. Die Rippen parieren und die Knochenhaut entfernen. Den Apfel vom Kerngehäuse befreien und in Scheiben schneiden.

2. Die Rippen von beiden Seiten großzügig mit dem Grillgewürz einreiben. Mit dem Thymian, dem Rosmarin, den Apfelscheiben und der Butter in Alufolie wickeln und etwa 5 Stunden bei 120 °C indirekt garen.

3. Die Rippen vom Grill nehmen und aus der Folie wickeln.

4. Möglichst den Grill mit einer Räucherpfeife versehen und die Rinderrippen 2 Stunden bei maximal 100 °C auf dem Grill räuchern. Währenddessen regelmäßig mit der BBQ-Sauce bestreichen.

Chuck Short Ribs sind ein Teil aus den stark mit Fett überwachsenen und durchzogenen Brustrippen. Die diversen Schnitte der Rinderrippen finden immer mehr Fans.

TERES MAJOR

FÜR 4 PERSONEN ALS HAUPTGERICHT
ZUBEREITUNG: 1 STUNDE
SCHWIERIGKEIT: ✪✪✧

2 Teres Major (etwa 600 g)
Salz, frisch gemahlener Pfeffer

1. Das Fleisch indirekt bei etwa 100 °C auf eine Kerntemperatur von 55 °C erwärmen, das dauert etwa 50 Minuten.

2. Nun die Steaks auf der Infrarotzone (Sizzle Zone) grillen, salzen, pfeffern und servieren. Alternativ das gegarte Fleisch vom Grill nehmen und warm stellen. Den Grill möglichst stark erhitzen und das Fleisch kurz drauflegen, bis es schöne Grillstreifen hat; salzen und pfeffern.

BAUERNBROT MIT FELDSALAT UND TAFELSPITZ

FÜR 4 PERSONEN ALS HAUPTGERICHT
ZUBEREITUNG: 1 STUNDE 30 MINUTEN
SCHWIERIGKEIT: ✪✪✧

1 Tafelspitz (etwa 800 g)
100 ml Kürbiskernöl
100 ml Rinderbrühe
1 Msp. Senf
1 TL Zitronensaft
1 EL Sojasauce
4 große Scheiben Bauernbrot
100 g Feldsalat

FÜR DEN MEERRETTICHDIP
1 unbehandelte Zitrone
250 g Joghurt
2 EL Meerrettich, frisch gerieben
1 EL Olivenöl
4–6 Zweige Thymian, Blättchen abgezupft
1 Apfel
Salz, frisch gemahlener Pfeffer

1. Die Fettseite des Tafelspitz rautenförmig einritzen und das Fleisch rundherum leicht salzen. Den Tafelspitz bei 120 °C etwa 1 Stunde indirekt grillen, bis das Fleisch eine Kerntemperatur von 55 °C erreicht hat. Dann den Braten mit der Fettseite auf eine Gussplatte auf direkter Hitze legen und das Fett ausschmelzen lassen, bis sich eine Kruste bildet.

2. In der Zwischenzeit das Kürbiskernöl, die Brühe, den Senf, den Zitronensaft und die Sojasauce zu einer Vinaigrette verrühren.

3. Für den Dip die Zitronenschale abreiben und den Saft auspressen. Beides mit allen anderen Zutaten für den Meerrettichdip – bis auf den Apfel – verrühren. Den Apfel waschen, in feine Stifte schneiden und unter den Dip heben. Die Brotscheiben mit dem Dip bestreichen und den Feldsalat darauf verteilen.

4. Den Tafelspitz vom Grill nehmen, in Scheiben schneiden und auf dem Feldsalat anrichten. Die Kübiskernöl-Vinaigrette über das Fleisch geben.

TAGLIATA
MIT ONGLET

FÜR 4 PERSONEN ALS VORSPEISE
ZUBEREITUNG: 30 MINUTEN
SCHWIERIGKEIT: ★★☆

700 g Onglet
Salz
1 rote Zwiebel
2 Karotten
Olivenöl
1 Bund Rucola
12 Kirschtomaten
1 Knoblauchzehe

FÜR DAS DRESSING
50 g Parmesan, grob gerieben
3 EL Olivenöl
2 EL Balsamico
2 TL körniger Dijonsenf
Salz, frisch gemahlener Pfeffer

1. Das Fleisch von beiden Seiten leicht salzen und für 15 Minuten beiseitestellen.

2. Die Zwiebel und die Karotten schälen. Die Zwiebel fein würfeln, die Karotten in Scheiben schneiden. Beides getrennt in einer Gusspfanne bei großer Hitze in etwas Öl direkt braten – die Zwiebel 5 Minuten, die Karotten 8 Minuten.

3. Inzwischen den Rucola waschen und trocken schleudern. Die Tomaten waschen. Den Knoblauch schälen und fein hacken. Tomaten, Knoblauch, Zwiebel und Karotten in einer Schüssel vermischen und den Rucola unterheben. Sämtliche Zutaten für das Dressing vermischen und den Salat damit anmachen.

4. Das Fleisch direkt bei hoher Hitze 5 Minuten grillen, dabei alle 30 Sekunden wenden, bis es eine Kerntemperatur von 55 °C hat. Das Onglet sofort aufschneiden und auf dem Rucolasalat verteilen, sodass der Fleischsaft in den Salat läuft.

Der Name dieses Gerichts, Tagliata, kommt aus dem Italienischen und ist von *tagliare* (schneiden) abgeleitet. Das in Frankreich als Onglet bekannte Fleischstück aus dem Zwerchfell heißt bei uns wenig schmeichelhaft Nierenzapfen, und in Amerika wird es unter dem Namen *hanging tender* angeboten.

RUMMEL-BURGER 2.0

FÜR 4 PERSONEN ALS HAUPTGERICHT
ZUBEREITUNG: 30 MINUTEN
SCHWIERIGKEIT: ✪✪✩

---

8 Eier
500 g Rinderhack (20 % Fett)
Salz, frisch gemahlener Pfeffer
100 g Cheddar, gerieben
1 Ciabatta, in vier Stücke geschnitten

FÜR DEN BELAG
3 rote Zwiebeln
1 Birne
2 Frühlingszwiebeln
Salz, frisch gemahlener Pfeffer
Olivenöl
3 EL fein geschnittene
   getrocknete Tomaten
50 g Roquefort, zerkrümelt (ersatzweise ein anderer Blauschimmelkäse)
1 TL Zitronensaft
2 EL Mayonnaise

1. Zwei Tage vor der Zubereitung die Eier einfrieren. 2 Stunden vor der Zubereitung die Eier aus dem Kühlschrank nehmen, in eine Schale mit lauwarmem Wasser legen und auftauen lassen.

2. Das Hackfleisch direkt vor der Zubereitung aus dem Kühlschrank nehmen, es sollte sehr kalt sein; alternativ kann man das Hackfleisch für 30 Minuten in den Gefrierschrank legen. Das Fleisch mit Salz und Pfeffer würzen und mit der Burgerpresse vier Pattys für das Füllen vorbereiten. Dazu die Presse zur Hälfte mit Hackfleisch füllen und eine große Mulde hineindrücken.

3. Die Eier trennen. Das Eigelb sollte eine wachsweiche Kugel sein. In das Innere der Pattys jeweils zwei Eigelb geben, den Rest des Hohlraums mit Cheddar auffüllen. Die Pattys mit Hackfleisch verschließen.

4. Für den Belag die roten Zwiebeln schälen, in feine Streifen schneiden und in eine Schüssel geben. Die Birne schälen und vierteln. Ein Viertel raspeln und hinzufügen. Die Frühlingszwiebeln in feine Ringe schneiden und untermischen. Die Mischung etwas salzen und pfeffern, ein paar Spritzer Olivenöl dazugeben und die Tomaten, den Käse sowie den Zitronensaft unterheben.

5. Jedes Patty von beiden Seiten je 3 Minuten bei mittlerer Hitze grillen. Dann auf der indirekten Seite des Grills etwa 10 Minuten ziehen lassen. Das Brot leicht toasten, quer durchschneiden und die Schnittflächen mit Mayonnaise bestreichen. Das Patty auf die untere Hälfte legen, mit dem Käse-Zwiebel-Topping garnieren und mit der oberen Brothälfte abdecken.

Ich bin ein großer Fan der Stuffed Burger. Die Füllungen erlauben es, der Kreativität freien Lauf zu lassen.

RAMEN-BURGER

FÜR 4 PERSONEN ALS HAUPTGERICHT
ZUBEREITUNG: 45 MINUTEN
SCHWIERIGKEIT: ★★☆

4 Päckchen Instant-Asiasuppe Ramen
   (Fertigprodukt)
2 Eier
3 EL Erdnussöl
600 g Rinderhackfleisch
   (mindestens 20 % Fett)
3 EL Mayonnaise
4 EL BBQ-Sauce (siehe Seite 206)
Salz, frisch gemahlener Pfefffer
Tomate, Gurke, rote Zwiebel etc.
   zum Belegen (nach Belieben)

1. Die Nudeln nach Packungsanleitung zubereiten. Das dazugehörige Gewürz im Tütchen aufbewahren. Die Nudeln in ein Sieb abgießen und 3 Minuten abtropfen lassen. Die Eier in einer Schüssel verquirlen, die Nudeln dazugeben und beides gut vermengen.

2. Einen oder mehrere Dessertringe innen einfetten. Die Gussplatte auf dem Grill aufheizen und ein paar Tropfen Erdnussöl daraufgeben. Die Ringe auf die Platte setzen, die Nudeln darauf verteilen und fest hineindrücken, dann beschweren. Die Nudeln 3 Minuten braten, dann die Ringe vorsichtig wenden, die Nudeln nach unten drücken und weitere 3 Minuten braten. Auf diese Art insgesamt acht Nudel-Pattys herstellen. Die Pattys warm stellen.

3. Aus dem Hackfleisch vier 2 cm dicke Pattys mit 12 cm Durchmesser formen. Mittig in jeden Patty eine Mulde drücken. Die Pattys bis zur gewünschten Garstufe – rare, medium oder durch – grillen.

4. Die Mayonnaise mit einem der Tütchen Ramengewürz würzen und die Nudel-Pattys damit bestreichen. Je einen Rindfleisch-Patty darauflegen, mit je 1 EL BBQ-Sauce bedecken, mit Salz und Pfeffer würzen und mit weiteren Zutaten nach Belieben belegen. Einen zweiten Nudel-Patty auflegen und genießen.

MAC 'N' CHEESE CALZONE

FÜR 4 PERSONEN ALS HAUPTGERICHT
ZUBEREITUNG: 30 MINUTEN
SCHWIERIGKEIT: ✪✪✪

400 ml Milch
400 g Makkaroni
je 50 g Cheddar, Gouda und Mozzarella, fein gewürfelt
1 Packung Pizzateig (aus dem Kühlregal)
Sprühfett
100 g Salami, in feine Streifen geschnitten
Basilikum
2 Tomaten, fein gewürfelt

1. Die Milch aufkochen und die Nudeln darin etwa 10 Minuten köcheln lassen, bis sie al dente sind. Den Topf vom Herd nehmen, den Käse unter die Nudeln rühren und schmelzen lassen.

2. Aus dem Pizzateig acht passende Stücke für den Sandwichmaker zuschneiden – bei mir sind es 16 x 16 cm – dabei rundherum am Rand 1 cm Zugabe geben.

3. Ein Sandwicheisen sorgfältig mit Fett einsprühen und mit einem Teigstück belegen. 2 EL Salamistreifen daraufgeben, darüber 3–4 EL Käsemakkaroni, Mac 'n' Cheese genannt, verteilen. Mit ein paar Blättern Basilikum und 1 EL Tomatenwürfel krönen und ein zweites Teigstück darauflegen.

4. Das Sandwicheisen gut verschließen und die Calzone 3 Minuten bei 200 °C indirekt grillen. Danach das Eisen öffnen und die Calzone vorsichtig auf einen Teller geben. Auf diese Art drei weitere Calzone herstellen.

ZWIEBEL-BURGER

FÜR 4 PERSONEN ALS HAUPTGERICHT
ZUBEREITUNG: 45 MINUTEN + 1 ½ STUNDEN
SCHWIERIGKEIT: ★★☆

4 Gemüsezwiebeln
1 EL Balsamico
2 rote Zwiebeln
1 Bund Frühlingszwiebeln
   (dickere Exemplare)
2 Schalotten
800 g Rinderhack
   (mindestens 20 % Fett)
Salz, frisch gemahlener Pfeffer
100 g Butter, klein gewürfelt,
   plus 1 EL Butter
8 Scheiben Bacon
4 Burgerbrötchen
2 Kugeln Mozzarella, halbiert
4 EL frisch geriebener Parmesan
1 Kopf Blattsalat
2 saure Gurken,
   in Scheiben geschnitten
2 Tomaten, in Scheiben geschnitten
2 EL Mayonnaise
BBQ-Sauce (siehe Seite 206)

1. Die Gemüsezwiebeln 1 Stunde 30 Minuten bei 150 °C indirekt grillen, bis sie weich sind; dann etwa 30 Minuten abkühlen lassen. Das Wurzelende abschneiden. Das Innere aus den Zwiebeln drücken, in feine Streifen schneiden und mit dem Balsamico vermengen; warm stellen.

2. Die roten Zwiebeln schälen und in feine Streifen schneiden. Die Frühlingszwiebeln bei direkter Hitze von allen Seiten grillen, bis sie schwarz sind, dann in ein Küchentuch wickeln und 30 Minuten ruhen lassen. Die schwarze Haut von den Zwiebeln entfernen. Das Innere ist jetzt weich und schmeckt leicht süßlich.

3. Die Schalotten schälen und in feine Würfel schneiden. Das Rinderhack mit Salz und Pfeffer würzen und mit 100 g Butter und den Schalotten gut vermischen. Aus der Masse vier Pattys formen, deren Durchmesser etwas größer als der des Brötchens ist.

4. Die Pattys auf der Gussplatte in 2–3 Minuten pro Seite medium-rare braten. Parallel zu den Pattys den Bacon und die roten Zwiebeln in dem ausgetretenen Fett auf einer Gussplatte braten. Wenn sie braun sind, 1 EL Butter dazugeben und schmelzen lassen.

5. Die roten Zwiebeln auf die Unterseite der Brötchen geben, je ein Patty darauflegen, die Baconscheiben und Frühlingszwiebeln über Kreuz darauf anrichten. Dann je eine Hälfte Mozzarella, 1 EL Parmesan und 1–2 EL Balsamicozwiebeln daraufgeben und die Oberseite der Brötchen auflegen.

6. Die Burger vorsichtig in das eingefettete Sandwicheisen legen, zusammenpressen und etwa 15 Minuten bei indirekter Hitze bei 150 °C backen. Das Sandwicheisen vorsichtig öffnen und die Burger mit Blattsalat, saurer Gurke, Tomatenscheiben, Mayonnaise und BBQ-Sauce servieren.

Die Grillzwiebeln mache ich oft auf Vorrat und friere sie ein: Ich lege 10–20 Zwiebeln auf den Grill, wenn er noch Glut hat, aber nicht mehr gebraucht wird.

PORTOBELLO-SANDWICH

FÜR 4 PERSONEN ALS VORSPEISE
ZUBEREITUNG: 45 MINUTEN
SCHWIERIGKEIT: ✪✪✪

---

1 Knolle frischer Knoblauch
3 EL Butter
6 EL Sojasauce
1 TL Senf
8 Portobello- oder Parasol-Pilze
1 Knolle Fenchel
Salz, frisch gemahlener Pfeffer
2 Tomaten
4 Stücke Harzer (ein „Segment" von 1 Rolle, etwa 1 cm dick)
2 EL Weißweinessig
3 EL Olivenöl
2 rote Zwiebeln
4 Scheiben Bauernbrot
100 g Feldsalat

1. Den Knoblauch bei indirekter Hitze etwa 30 Minuten grillen. Die Butter in einer Schüssel erwärmen, die Sojasauce und den Senf hinzufügen und gut verrühren.

2. Die Stiele der Pilze ausbrechen und die Hüte/Köpfe mit der Innenseite nach oben auf den Grill legen und mit jeweils 1 EL der Buttermischung füllen. 15 Minuten auf dem etwa 150 °C heißen Grill indirekt garen, damit die Butter einziehen kann.

3. Den Fenchel fein hobeln, salzen und pfeffern. Eine Tomate in Scheiben schneiden. Je eine Scheibe Tomate und Harzer in vier Pilze legen, darauf den Fenchel verteilen. Mit je einem zweiten Pilz abdecken und so in das gefettete Sandwicheisen geben.

4. Die gefüllten Pilze 10 Minuten bei 150 °C direkt grillen, wenden und weitere 10 Minuten grillen.

5. In der Zwischenzeit den Essig und das Öl vermengen. Die roten Zwiebeln schälen, fein hobeln und dazugeben, etwas salzen und pfeffern. Das Brot leicht toasten, die zweite Tomate halbieren und mit den Schnittflächen über die Brote reiben.

6. Die Knoblauchknolle vom Grill nehmen und das untere Ende abschneiden. Die weichen Zehen aus der Schale drücken und gleichmäßig auf den Broten verstreichen. Den Feldsalat darauf verteilen und die Pilze darauf anrichten. Alles mit der Zwiebelvinaigrette beträufeln und servieren.

MINIBURGER-BRÖTCHEN

FÜR 12 BRÖTCHEN (BUNS)
ZUBEREITUNG: 1 STUNDE 15 MINUTEN
SCHWIERIGKEIT: ★★☆

---

150 ml Vollmilch
40 g Butter
1 EL Zucker
1 TL Salz
½ Würfel frische Hefe
300 g Mehl Type 550
1 Ei, Größe M, verquirlt

1. Die Milch leicht erwärmen (maximal auf 40 °C), in die Rührschüssel der Küchenmaschine geben und mit der Butter und dem Zucker verrühren. Das Salz, die Hefe und die Hälfte des Mehls hinzufügen und 8–10 Minuten unterarbeiten. Nach und nach das restliche Mehl und das Ei dazugeben.

2. Die Arbeitsfläche mit Mehl bestauben, den Teig daraufgeben und zu zwölf kleinen Teiglingen formen. Diese in die Dessertringe legen und 45 Minuten gehen lassen.

3. Die Buns auf ein mit Backpapier ausgelegtes Backblech legen und im Grill (indirekt) oder im auf 180 °C vorgeheizten Backofen 10–12 Minuten backen. Dann Cheese-, Lachs-, Schweinebauch- oder Egerlingburger damit zubereiten (siehe folgende Seiten).

Ich bin ein großer Fan von Miniburgern, denn sie erlauben einem, mehrere Sorten zu testen. Probieren Sie die Minivarianten und zeigen Sie Ihren Gästen die Vielfalt Ihrer Burgerwelt!

CHEESEBURGER

FÜR 4 BURGER
ZUBEREITUNG: 20 MINUTEN
SCHWIERIGKEIT: ★☆☆

400 g Rinderhack
   (mindestens 20 % Fett)
4 Miniburgerbrötchen (siehe Seite 65)
4 Scheiben Provolone
2 EL Mayonnaise oder Burgersauce
2 EL BBQ-Sauce (siehe Seite 206)
2 saure Gurken (nach Belieben)
1 mittelgroße Tomate (nach Belieben)

1. Aus dem Rinderhack vier Pattys etwas größer als die Brötchen formen. Die Pattys etwa 6 Minuten bei mittlerer Hitze direkt – am besten auf einer Gussplatte – grillen, dabei zweimal wenden.

2. Die Burgerbrötchen aufschneiden und die Schnittflächen auf dem Grill toasten. Den Käse auf den Pattys schmelzen lassen.

3. Die Brötchen mit der Mayonnaise oder Burgersauce bestreichen, den Käse-Patty daraufgeben, BBQ-Sauce darüberträufeln und nach Belieben mit saurer Gurke und Tomate belegen.

LACHSBURGER

FÜR 4 BURGER
ZUBEREITUNG: 30 MINUTEN
SCHWIERIGKEIT: ★☆☆

4 Lachsstücke ohne Haut
   (Bauch oder Filet; 1–1,5 cm dick)
Salz
4 Miniburgerbrötchen (siehe Seite 65)
1 EL Butter
1 EL Honig
2 EL Senf
1 TL frisch geschnittener Dill
1 Zitrone
4 EL Frischkäse
1 TL Meerrettich
1 Apfel, in Stifte geschnitten
60 g Baby-Mangold oder -Spinat

1. Die Lachsstücke von beiden Seiten leicht salzen und für die Brötchen in die passende Größe schneiden. Die Burgerbrötchen aufschneiden, die Schnittflächen auf dem Grill toasten und dann mit Butter bestreichen. Den Honig mit Senf und Dill verrühren.

2. Die Lachsstücke von jeder Seite 2 Minuten bei mittlerer Hitze direkt auf einer Gussplatte grillen (vorsichtig wenden). Die Zitrone halbieren und auf den Schnittflächen 10 Minuten direkt grillen, dann den Saft auspressen.

3. Den Frischkäse, den Meerrettich, den Zitronensaft und die Apfelstifte verrühren und auf die unteren Brötchenhälften streichen. Den Lachs drauflegen. Etwas Honig-Senf-Dill-Sauce darübergeben, mit ein paar Blättern Mangold oder Spinat garnieren und die Brötchendeckel auflegen.

SCHWEINEBAUCH**BURGER**

FÜR 4 BURGER
ZUBEREITUNG: 45 MINUTEN
SCHWIERIGKEIT: ✪ ○ ○

4 Miniburgerbrötchen (siehe Seite 65)
2 Zwiebeln
50 ml Olivenöl
4 Scheiben vorgegarter Schweinebauch (2 cm dick; siehe Seite 70), alternativ Leberkäse oder Fleischwurst
2 EL süßer Senf

1. Die Burgerbrötchen aufschneiden und die Schnittflächen auf dem Grill toasten.

2. Die Zwiebeln schälen, in 1 cm dicke Scheiben schneiden, etwas salzen und mit Olivenöl bestreichen. Den Schweinebauch auf die Größe der Brötchen zuschneiden und mit den Zwiebeln auf einer Gussplatte grillen, bis diese braun sind.

3. Die Schnittflächen der Brötchen mit dem Senf bestreichen, die Zwiebeln und das Fleisch darauf anrichten und den Burger zuklappen.

EGERLINGBURGER

FÜR 4 BURGER
ZUBEREITUNG: 30 MINUTEN
SCHWIERIGKEIT: ✪ ○ ○

8 mittelgroße braune Champignons
2 EL BBQ-Sauce (siehe Seite 206)
2 EL Sojasauce
2 grüne Tomaten
1 rote Tomate
4 Babybel

1. Die Stiele aus den Pilzen brechen. Die BBQ-Sauce mit der Sojasauce verrühren und die Innenseite der Pilze damit einstreichen. Die Pilze mit der Innenseite nach oben auf den Grill legen und bei mittlerer Hitze 15 Minuten grillen, bis sie weich sind, zwischendurch einmal wenden.

2. Die Tomaten in Scheiben schneiden und von beiden Seiten direkt angrillen.

3. Auf vier Pilze jeweils einen Babybel legen und etwa 5 Minuten indirekt bei 180 °C grillen, bis der Käse zu schmelzen beginnt. Vom Grill nehmen, mit den Tomaten belegen und jeweils einen zweiten Pilz als Deckel aufsetzen.

SCHWEIN

Schweinefleisch und Produkte daraus legen die Deutschen am liebsten auf den Grill – egal ob Würstchen, Steak oder Bauchfleisch. Schweinefleisch ist preiswert und ständig verfügbar. Die Fleischindustrie übertrifft sich jedes Jahr aufs Neue, um das Nacken- und Holzfällersteak unter bunten, schmackhaften Marinaden zu verstecken. Falls das Fleisch ohne Marinade angeboten wird, muss es mager sein, damit es der figurbewusste Konsument kauft. Doch es gibt mittlerweile eine große Fangemeinde jenseits von Würstchen und Nackensteak. Immer öfter verirren sich spezielle Schnitte vom Schwein wie das Secreto (verstecktes Filet) oder das Presa (Teil des Nackens), die zuweilen noch nicht mal die Metzger kennen, auf den Grill. Dank Internet, TV und der steigenden Anzahl der durchgeführten Grillseminare sind viele Griller auf den Geschmack gekommen und schauen, was in anderen Ländern so auf den Grill bzw. Smoker kommt. Sehr populär, dank der aktiven Grillszene, ist momentan das Pulled Pork, das auf keinem Festival mehr fehlt und auch schon als Convenience-Produkt angeboten wird. Auch in diesem Buch verwenden wir oft Schweinenacken, jedoch in außergewöhnlichen Schnitten oder neuen Kombinationen.

SECRETO

DRY AGE

PRESA

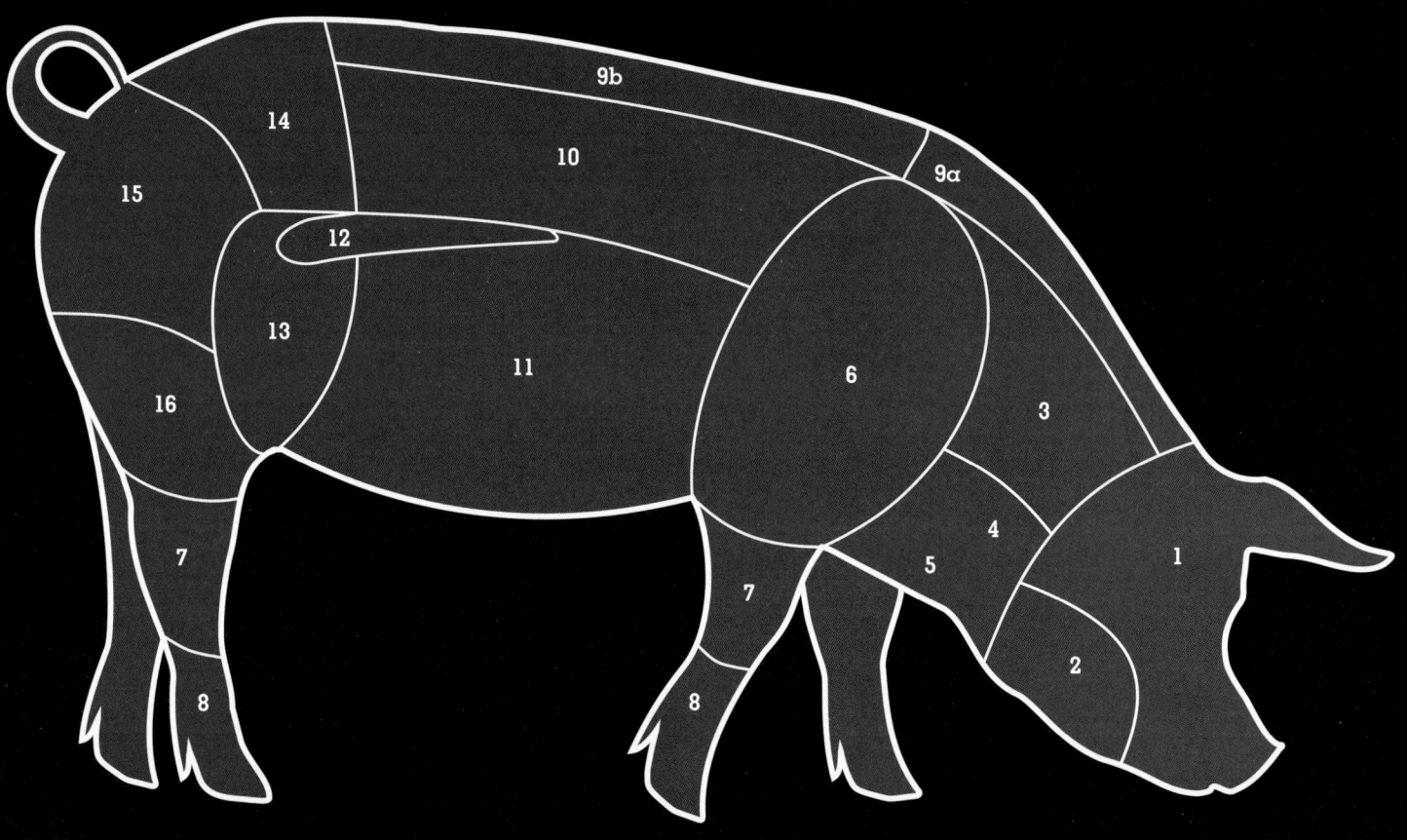

1 Kopf
2 Backe / Bäckchen
3 Hals / Kamm / Nacken / Presa
4 Brustspitze
5 Dicke Rippe
6 Schulter / Bug
7 Knöchel / Eisbein / Haxe
8 Fuß / Spitzbein
9α Kammspeck
9b Rückenspeck
10 Schweinrücken / Kotelett / Secreto
11 Bauch und Bauchlappen
12 Filet / Lende
13 Nuss
14 Hüfte
15 Oberschale / Schinken
16 Unterschale

UNSER LIEBSTES FLEISCH

Das Schwein ist weltweit als beliebtester Fleischlieferant die Nummer eins. Zahlenmäßig sind die Rinder den Schweinen zwar überlegen, aber da Letztere ein geringeres Schlachtalter haben und sich öfter und zahlreicher fortpflanzen, werden weltweit fünfmal so viele Schweine wie Rinder geschlachtet. Weiterhin braucht Schweinefleisch – im Gegensatz zum Rind – keine wochenlange Reifezeit. Mehr als 48 Stunden sind nicht nötig, damit es verzehrbar wird. Um dem Wunsch des Endverbrauchers nach preiswertem, magerem Fleisch Rechnung zu tragen, setzten sich in den vergangenen Jahrzehnten zunehmend die hochgezüchteten Hybridschweine in der Mast durch. Das Fleisch soll rosa, zart und feinfaserig sein, und so werden zum Großteil Jungtiere im Alter von sechs bis acht Monaten geschlachtet. Dass bei so jungen Tieren das intramuskuläre Fett und somit auch der Geschmack und die Vollmundigkeit noch nicht sehr ausgeprägt sind, ist einleuchtend. Seit ein paar Jahren entwickelt sich aber auch glücklicherweise wieder ein Markt für geschmackvolles Schweinefleisch mit einem hohen Anteil an intramuskulärem Fett. An einer gesunden, rosaroten Farbe des Fleischs erkennt man, ob das Tier viel Bewegung hatte. Sieht das Fleisch aus wie ein alter Spüllappen, so hat sich das Tier wohl nicht viel bewegt. Einige Züchter besinnen sich zudem auf alte, robuste und stressresistentere Schweinerassen, von denen wenigstens einige Tiere ihren 1. Geburtstag erleben und die weniger anfällig für Krankheiten sind.

Die Beliebtheit von Schweinefleisch auf dem Grill ist zumindest zum Teil dem Umstand geschuldet, dass man die verschiedensten Teile nutzen und das Fleisch zum Großteil auf dem Grill veredeln kann – vom ganzen Spanferkel über die Keule und Schulter oder den Braten am Spieß bis zu den diversen Teilstücken des schlachtreifen Tieres. So können Nacken und Rücken je nach Dicke des Fleischstücks entweder kurz und heiß gegrillt werden oder lange bei niedriger Temperatur, dem BBQ. Die Schweineschulter, aus der das heute so populäre Pulled Pork zubereitet wird, ist beispielsweise ein klassisches Stück für das Langzeitgaren bei Temperaturen bis 120 °C zum Beispiel in einem Watersmoker.

DAS AROMA

Geschmacklich ist Schwein etwas süßer als Rind. Gegrillt oder gebraten hat es ein sehr schönes Spiel von Wald- und Stallaromen, die man durch Pilze, Knoblauch, Kohl, Kartoffeln und Kräuter wie Rosmarin, Salbei und Thymian unterstreichen oder aber durch Zugabe eines säuerlichen Apfels auch abschwächen kann. Die herzhafte Fleischigkeit kann man durch Fenchel, Anis und süßliche, gegarte Zwiebeln hervorheben.

Nicht zu vergessen den Alleskönner vom Grill: Speck beziehungsweise Bacon. Es gilt der Spruch: „Alles schmeckt besser, wenn man es in Speck einwickelt und grillt." Man sollte es aber nicht übertreiben und Speck exzessiv verwenden. Ein dezenter Einsatz, hier und da etwas in Speck einwickeln, damit das Innere nicht trocken wird oder damit sich der leicht salzige Fettgeschmack auf das Lebensmittel überträgt, ist jedoch nicht zu verachten.

MONEY MUSCLE
SOUS-VIDE

FÜR 4 PERSONEN ALS VORSPEISE
SOUS-VIDE-GAREN: 24 STUNDEN
ZUBEREITUNG: 20 MINUTEN
SCHWIERIGKEIT: ✪✪✪

---

1 Schweinenacken
1 EL Butterschmalz
1 EL BBQ-Gewürz (z.B. Basic Rub auf Seite 211)
3 EL BBQ-Sauce (siehe Seite 206)

1. Am Vortag aus dem Schweinenacken den Money Muscle auslösen, er dürfte 200–300 g schwer sein. Das Butterschmalz leicht erwärmen und mit dem BBQ-Rub vermischen. Das Fleisch damit bestreichen, vakuumieren und 24 Stunden bei 60 °C sous-vide garen.

2. Das Fleisch aus dem Beutel nehmen und trocken tupfen. Den Money Muscle 15 Minuten bei 150 °C indirekt grillen, zwischendurch mehrmals mit der BBQ-Sauce bestreichen, sodass sich eine Art Glasur bildet. Das Fleisch zum Servieren dünn aufschneiden.

Die Bezeichnung Money Muscle kommt aus der US-BBQ-Szene: Bei BBQ-Wettkämpfen bekommen die Teilnehmer einen Schnitt vom Schwein, der sich Boston Butt nennt. Er besteht aus Schulter und Teilen des Nackens. Dieses Teil muss im Wettkampf im Ganzen gegart und dann für die Jury zerlegt werden. Daraus werden dann Pulled Pork bzw. Chopped Pork und der Money Muscle geschnitten. Ziel ist, die Wettkampf-Juroren zu beeindrucken und so die Wahrscheinlichkeit auf das Preisgeld zu erhöhen. In Deutschland kann man den Money Muscle nicht separat beim Metzger kaufen – es reicht aber, einen Schweinekamm zu kaufen und ihn dort rauszuschneiden. Er sitzt im vorderen Teil des Nackens, oberhalb der Wirbelsäule, und ist ein 15–20 cm langes und 7–10 cm breites Stück, dessen Muskelfasern wie in einzelne Segmente eingeteilt wirken.

PULLED-PORK-REISWAFFEL

FÜR 4 PERSONEN ALS VORSPEISE
ZUBEREITUNG: 30 MINUTEN
SCHWIERIGKEIT: ✪✪✪

---

200 g Pulled Pork, mit BBQ-Sauce
    abgeschmeckt (siehe Seite 206)
200 g Reis, gekocht, möglichst klebrig
Sprühfett
Spitzkohlsalat (siehe Seite 215)
    zum Servieren
BBQ-Sauce (siehe Seite 206)
    zum Servieren

1. Das Pulled Pork mit dem Reis gut vermengen, sodass eine Art Teig entsteht.

2. Ein Waffeleisen mit Sprühfett einsprühen. Je nach Größe des Waffeleisens Teig einfüllen und etwa 15 Minuten bei 180 °C indirekt grillen.

3. Das Waffeleisen vorsichtig öffnen, die Pulled-Pork-Reiswaffel auf einen Teller geben und mit Spitzkohlsalat und BBQ-Sauce servieren. Auf diese Art sämtliche Reiswaffeln herstellen und servieren.

Mit den Rezepten aus dem Waffeleisen (siehe auch Folgeseiten) kann man sehr schön die Reste vom Mittagessen oder Vortag verarbeiten.

NUDEL-WAFFEL

FÜR 4 PERSONEN ZUM BRUNCH
ZUBEREITUNG: 30 MINUTEN
SCHWIERIGKEIT: ✪✩✩

---

2 Schalotten
1 EL Olivenöl
200 g gemischtes Hackfleisch
Salz, frisch gemahlener Pfeffer
400 g Spaghetti, gekocht
2 Eier
1 Tomate
Sprühfett

1. Die Schalotten schälen, fein schneiden und in einer Gusspfanne in dem Olivenöl leicht anbraten. Das Hackfleisch mit Salz und Pfeffer würzen, dazugeben und anbraten, dabei alle größeren Stücke zerteilen, damit es schön krümelig wird.

2. Die Nudeln in eine Schüssel geben, die beiden Eier hinzufügen, mit Salz und Pfeffer würzen. Die Tomate halbieren und das weiche Innere samt Samen entfernen; das Fruchtfleisch würfeln.

3. Die Tomatenwürfel und das leicht abgekühlte Fleisch zu den Nudeln geben und sorgfältig untermischen.

4. Ein Waffeleisen gut einfetten, etwas von der Nudelmischung hineingeben und etwa 15 Minuten bei 180 °C indirekt grillen. Das Waffeleisen vorsichtig öffnen und die Nudelwaffel auf einen Teller geben. Auf diese Weise sämtliche Waffeln backen und nach Belieben mit einem Salat servieren.

FLEISCHWAFFEL-SANDWICH

FÜR 4 PERSONEN ALS HAUPTGERICHT
ZUBEREITUNG: 30 MINUTEN
SCHWIERIGKEIT: ★☆☆

---

800 g gemischtes Hackfleisch
2 EL BBQ-Gewürz (z. B. Basic Rub auf Seite 211)
1 TL Senf
8 Scheiben Sandwichtoast
Sprühfett

FÜR DAS TOPPING
BBQ-Sauce (siehe Seite 206)
Mayonnaise
saure Gurke, in Scheiben geschnitten
Tomaten, in Scheiben geschnitten
Zwiebeln, in Scheiben geschnitten

1. Das Hackfleisch mit dem BBQ-Gewürz und dem Senf gut vermengen. Jeweils ein Viertel der Masse in ein gefettetes Waffeleisen geben und nacheinander vier Fleischwaffeln 20 Minuten bei 150 °C indirekt backen.

2. Das Fleisch vorsichtig aus dem Eisen nehmen. Stattdessen jeweils zwei Scheiben Toast in das Waffeleisen legen und 4 Minuten indirekt toasten. In der Zwischenzeit das gegrillte Fleisch mit BBQ-Sauce bestreichen und bei indirekter Hitze glasieren. Fleisch und Toast zusammen mit den Toppings anrichten.

DRY-AGE-KOTELETT

FÜR 4 PERSONEN ALS HAUPTGERICHT
ZUBEREITUNG: 45 MINUTEN
SCHWIERIGKEIT: ★★☆

2 Dry-Age-Schweinekoteletts
  ohne Knochen
1 EL fermentierter Pfeffer

FÜR DIE INGWERKAROTTEN
8 Karotten
½ TL frisch geriebener Ingwer
1 EL süße Chillisauce
1 TL Zitronensaft
1 Prise Salz
1 EL Olivenöl

1. Die Schwarte von dem Fleisch entfernen und in die Fettseite der Koteletts ein feines Rautenmuster schneiden. Die Koteletts mit dieser Seite aufrecht auf eine kalte Gussplatte stellen. Diese auf direkter Hitze langsam aufheizen, sodass das Fett herausschmilzt und sich eine Kruste bildet. Nun das Fleisch unter mehrmaligem Wenden 5–6 Minuten grillen, bis es eine Kerntemperatur von 58 °C hat. Die Koteletts so in feine Streifen schneiden, dass an jedem Stück ein wenig von dem Fett ist.

2. Die Karotten schälen, mit einem Sparschäler in feine Bänder schneiden, mit den restlichen Zutaten für die Ingwerkarotten vermischen und auf die Gussplatte mit dem ausgeschmolzenen Fett geben. 10 Minuten garen, dabei mehrmals rühren.

3. Das Gemüse auf Teller geben, die Kotelettstreifen darauf anrichten und mit dem Pfeffer bestreuen.

Das Schweinekotelett, welches nach dem Dry-Age-Verfahren gereift wurde, ist ein hocharomatisches Stück. Es stammt aus dem Haus der Fleischerei Brath aus Karlsruhe und wird dort liebevoll „Alte Wutz" genannt. Deren Inhaber, Heiko Brath, ist Vorreiter der Dry-Age-Reifung beim Schwein. Die Alte Wutz stammt von einem Schwäbisch Hällischen Schwein. Der für dieses Gericht verwendete, mit Meersalz fermentierte Hochland-Pfeffer ist saftig. Seine ätherischen Öle entfachen ein Feuerwerk auf der Zunge. Er ist wunderbar als Finish auf Fisch, Steaks und allem, was gepfeffert serviert wird.

SPARERIBS

FÜR 4 PERSONEN ALS HAUPTGERICHT
ZUBEREITUNG: 4 STUNDEN
MARINIEREN: 12 STUNDEN
SCHWIERIGKEIT: ✪ ✪ ✪

---

1 Papaya
250 ml Hühnerbrühe
2 TL Salz
2 TL Zucker
1 TL Cayennepfeffer
1 kg Spareribs
5 EL Butterschmalz
3 EL BBQ-Gewürz (z. B. Basic Rub auf Seite 211)
100 ml Apfelsaft
BBQ-Sauce (siehe Seite 206)

1. Die Papaya schälen und die Kerne herauslösen, die Schale in kleine Stücke schneiden und mit den Kernen aufbewahren. Das Fruchtfleisch in kleine Würfel schneiden und in eine Schüssel geben. Die Hühnerbrühe, das Salz, den Zucker und den Cayennepfeffer dazugeben und alles pürieren. Zum Schluss die Papayaschale und -kerne untermengen, da darin die höchste Konzentration an Papain steckt.

2. Die Spareribs großzügig mit der Mischung bestreichen, in eine Schale legen, mit Frischhaltefolie abdecken und über Nacht zum Marinieren in den Kühlschrank stellen.

3. Am nächsten Tag die Marinade von den Ribs entfernen und durch ein Sieb streichen. Die Flüssigkeit auffangen. Das Butterschmalz erwärmen, sodass es weich wird, mit dem BBQ-Rub verrühren und die Ribs damit einstreichen. Den Apfelsaft mit der aufgefangenen Marinadenflüssigkeit verrühren. Die Ribs 1 Stunde bei 130 °C indirekt grillen, dabei möglichst eine Räucherpfeife mit auf den Grill geben.

4. Die Ribs vom Grill nehmen, auf ein Stück Alufolie legen, die Apfelsaft-Marinade dazugeben und die Folie verschließen. Das Fleisch in der Folie weitere 2 Stunden bei 130 °C indirekt grillen.

5. Die Spareribs aus der der Alufolie nehmen und abschließend 30 Minuten indirekt bei 160 °C grillen. In dieser Zeit zum Glasieren die Ribs mehrfach mit BBQ-Sauce bestreichen.

Ich habe den Eindruck, dass sich von diesem BBQ-Klassiker im Lauf der Jahre so viele Varianten entwickelt haben wie ein Schwein Knochen hat. Die Papaya in der Marinade enthält das eiweißspaltende Enzym Papain, das als Zartmacher für Fleisch eingesetzt wird.

SECRETO MIT SELLERIEPÜREE

FÜR 4 PERSONEN ALS HAUPTGERICHT
ZUBEREITUNG: 1 STUNDE
SCHWIERIGKEIT: ✪✪✩

---

1 kg Secreto
Salz
Zitronenpfeffer

FÜR DIE MANCHEGO-TOMATEN-SAUCE
2 reife Tomaten
Fleur de Sel
frisch gemahlener schwarzer Pfeffer
3 EL Olivenöl
3 Walnüsse
200 g Manchego
1 EL frische Rosmarinnadeln
Rosmarinzweige zum Garnieren
 (nach Belieben)

FÜR DAS SELLERIEPÜREE
2 kleine Knollen Sellerie
Salz, frisch gemahlener Pfeffer
4 EL Olivenöl
100 ml heiße Milch
4 EL Butter

1. Für das Püree den Sellerie schälen, in Würfel schneiden, in einer feuerfesten Schale gleichmäßig verteilen, mit Salz und Pfeffer würzen und mit Olivenöl beträufeln. Im Grill bei 180 °C in 45 Minuten weich schmoren. Dann die heiße Milch und die Butter dazugeben und den Sellerie zu einem cremigen Püree mixen. Mit Salz und Pfeffer abschmecken und warm halten.

2. Das Secreto von beiden Seite leicht salzen und 15 Minuten ruhen lassen. Dann 10 Minuten bei etwa 180 °C unter mehrmaligem Wenden direkt grillen, bis es eine Kerntemperatur von etwa 60 °C erreicht hat.

3. Inzwischen für die Manchego-Tomaten-Sauce die Tomaten halbieren, mit der groben Seite einer Küchenreibe in eine Schüssel reiben, salzen, pfeffern und mit dem Olivenöl verrühren. Die Walnüsse knacken, die Walnusskerne mit den Händen zerkleinern und hinzufügen. Den Manchego klein würfeln und zu den Tomaten geben. Den Rosmarin grob hacken, hinzufügen und alles gut verrühren.

4. Das Secreto vom Grill nehmen, gegen die Faser in etwa 1 cm dicke Scheiben schneiden, mit etwas Zitronenpfeffer bestreuen und mit der Sauce und dem Selleriepüree auf vier Tellern anrichten. Nach Belieben mit Rosmarinzweigen garnieren.

TACOS AL PASTOR

FÜR 6 PERSONEN ALS HAUPTGERICHT
ZUBEREITUNG: 1 STUNDE
MARINIEREN: 1–2 STUNDEN
SCHWIERIGKEIT: ✲✲✩

1–1,5 kg Schweinenacken
   (der Teil ohne Presa)
Salz
1 Ananas
2 Gemüsezwiebeln
6 Tortillas (18 cm Durchmesser)
200 g Sauerrahm
1 Bund Koriandergrün, fein geschnitten
1 Limette

FÜR DIE MARINADE
1 EL Sriracha (scharfe Chilisauce)
1 EL Knoblauchpaste
1 EL Ingwerpaste
2 EL Sojasauce
Saft von 1 Limette
100 ml Mineralwasser mit Kohlensäure
Salz, frisch gemahlener Pfeffer

1. Das Fleisch in 5 x 5 cm große Würfel schneiden und leicht salzen. Die Zutaten für die Marinade verrühren. Die Ananas schälen, erst in 2 cm dicke Scheiben und dann in Stücke schneiden; zugedeckt beiseitestellen. Die Randstücke und den Kern zur Marinade geben. Das Fleisch untermengen und 1–2 Stunden im Kühlschrank marinieren.

2. Die Zwiebeln schälen, vierteln und jeweils drei zusammenhängende Segmente abtrennen. Ein Zwiebelviertel zurückbehalten und in feine Streifen schneiden; beiseitestellen. Das Fleisch abtupfen und abwechselnd mit den Ananas- und Zwiebelstücken auf sechs Metallspieße stecken. Die Spieße so auf dem Grill platzieren, dass das Fleisch keinen direkten Kontakt zum Rost hat. Ich empfehle ein 6er-Drehspieß-Set. Das Fleisch 45–60 Minuten bei 150–170 °C grillen, bis es so weich ist, dass sich leicht ein Stück herauszupfen lässt, dabei ein- bis zweimal mit Marinade bestreichen.

3. Die Tortillas mit Sauerrahm bestreichen. Das Fleisch vom Spieß nehmen, mit den Zwiebeln und Ananas klein schneiden und auf den Tortillas verteilen. Die rohen Zwiebelstreifen, das Koriandergrün und ein paar Spritzer Limettensaft daraufgeben und die Tortillas zusammenrollen.

SCHWEINEBAUCH

FÜR 6 PERSONEN ALS HAUPTGERICHT
ZUBEREITUNG: 3 STUNDEN
MARINIEREN: 12–24 STUNDEN
+ 8 STUNDEN RUHEZEIT
SCHWIERIGKEIT: ✲✲✩

50 g Salz
50 g Zucker
2 TL frisch gemahlener schwarzer Pfeffer
1 kg durchwachsener Schweinebauch

1. Die Gewürze vermischen. Den Schweinebauch gut damit einreiben, in einen Gefrierbeutel geben und 12–24 Stunden im Kühlschrank marinieren.

2. Den Schweinebauch in eine Aluschale legen und 30 Minuten bei 230 °C indirekt grillen, danach die Temperatur auf 130 °C absenken. Das Fleisch erneut 1 Stunde 30 Minuten grillen, bis seine Kerntemperatur 65 °C beträgt, dann vom Grill nehmen und abkühlen lassen; in Folie wickeln und für 8 Stunden in den Kühlschrank legen.

3. Den kalten Schweinebauch aus dem Kühlschrank nehmen, in Scheiben schneiden und auf einer Gussplatte grillen, bis er braun und kross ist.

PRESA MIT GEGRILLTEM LAUCH

FÜR 6 PERSONEN ALS HAUPTGERICHT
ZUBEREITUNG: 45 MINUTEN
SCHWIERIGKEIT: ✪ ✪ ✪

---

etwa 700 g Presa
Salz, frisch gemahlener Pfeffer
Paprikapulver, edelsüß, und
 Rohrzucker oder BBQ-Gewürz
 (z. B. Basic Rub auf Seite 211)
6 dicke Stangen Lauch

FÜR DIE SAUCE
1 EL Weißweinessig
4 EL Erdnussöl
2 TL Senf
Salz, frisch gemahlener Pfeffer

1. Das Presa rundherum mit einer Mischung aus Salz, Pfeffer und je einer Prise Paprikapuler und Rohrzucker oder etwas BBQ-Gewürz einreiben. Auf den Grill legen und 30–40 Minuten bei etwa 180 °C indirekt grillen, bis es eine Kerntemperatur von etwa 58 °C erreicht hat.

2. Inzwischen vom Lauch die oberen grünen Teile abschneiden und entsorgen. Die Wurzeln dranlassen, sie kokeln auf dem Grill und sorgen für eine schöne Rauchnote. Die Lauchstangen auf die direkte Hitze des Grills geben und unter regelmäßigem Wenden (drei- bis viermal) grillen, bis sie weich sind. Sie können ruhig von außen schwarz werden.

3. Sämtliche Zutaten für die Sauce verrühren und mit Salz und Pfeffer abschmecken.

4. Den Lauch vom Grill nehmen und je 2 cm vom oberen und unteren Ende der Stangen abschneiden. Vom Wurzelende her mit dem Finger das Innere von jeder Stange herausschieben.

5. Den Lauch auf sechs Teller verteilen und mit Sauce beträufeln. Das Fleisch aufschneiden, auf dem Lauch anrichten und mit je einer Prise Salz und Pfeffer würzen.

BURRITO
MIT SCHWEINE- NACKEN

FÜR 6 PERSONEN ALS HAUPTGERICHT
ZUBEREITUNG: 1 STUNDE
SCHWIERIGKEIT: ✱✱✱

1,5 kg Schweinenacken
Salz, frisch gemahlener Pfeffer oder BBQ-Gewürz Grill Brasil (von Wiberg) oder Basic Rub auf Seite 211
BBQ-Sauce (siehe Seite 206)
6 Tortillas (18 cm Durchmesser)

FÜR DIE FÜLLUNG
½ Kopf Rotkohl
1 EL Salz
1 Chilischote
Saft von ½ Limette
2 EL Zucker
1 rote Zwiebel
1 Bund Koriandergrün
200 g Sauerrahm
20 g Sesam

1. Den Schweinenacken längs in sechs gleichmäßig breite Streifen schneiden, mit Salz und Pfeffer oder mit Grill Brasil oder Basic Rub würzen und mittig auf Spieße fädeln.

2. Die Spieße in den Warmhalterost des Grills hängen oder alternativ schräg zwischen die Grillstäbe klemmen und das Fleisch 30 Minuten bei etwa 180 °C grillen, dann die Temperatur auf 120 °C reduzieren und das Fleisch noch etwa 30 Minuten grillen, bis es weich ist. Während des Garens die Spieße insgesamt dreimal mit BBQ-Sauce bestreichen und wenden.

3. In der Zwischenzeit den Rotkohl hobeln, mit dem Salz vermengen und 20 Minuten ziehen lassen. Die Chilischote in feine Würfel schneiden und unter den Rotkohl mischen. Den Limettensaft und den Zucker dazugeben und den Kohl abschmecken. Die Zwiebel schälen und in Ringe schneiden, das Koriandergrün klein schneiden.

4. Die Tortillas kurz von beiden Seiten grillen, sodass sie Röstaromen annehmen und weich werden, dann mit jeweils 2 EL Sauerrahm bestreichen. Den Rotkohl darauf verteilen und über jeder Tortilla das Fleisch von einem Spieß abstreifen. Mit Zwiebelringen, Koriandergrün und etwas Sesam bestreuen und die Tortilla aufrollen. Die Tortilla in Folie wickeln und gleich aus der Hand essen oder in mundgerechte Stücke schneiden und servieren.

SPANFERKELKEULE MIT MELONE

FÜR 4 PERSONEN ALS HAUPTGERICHT
ZUBEREITUNG: 1 STUNDE 30 MINUTEN
SCHWIERIGKEIT: ✪✪✪

---

1 Spanferkelkeule
Salz, frisch gemahlener Pfeffer
½ Wassermelone
4 EL Olivenöl
1 EL fein gehackte Rosmarinnadeln
1 Zitrone

FÜR DIE MARINADE
100 ml Apfelsaft
100 ml Fleischfond
2 Spritzer Tabasco

1. Die Haut der Keule mit einem scharfen Messer in etwa 1 cm breite Rauten schneiden. Sämtliche Zutaten für die Marinade verrühren und mithilfe der Marinierspritze in die Keule spritzen. Das Fleisch von außen salzen und pfeffern und dann etwa 1 Stunde indirekt bei 120 °C grillen, bis seine Kerntemperatur 60 °C beträgt.

2. Inzwischen die Melone schälen und in 2 cm dicke Scheiben schneiden, die Kerne möglichst entfernen. Die Melonenstücke mit dem Olivenöl beträufeln und mit Rosmarin, Pfeffer und Salz würzen; von jeder Seite 5 Minuten grillen. Die Zitrone vierteln und mit auf den Grill geben, sodass der Saft warm wird.

3. Das Fleisch vom Grill nehmen und warm stellen. Den Grill auf maximale Temperatur hochheizen und das Fleisch weitere 5 Minuten grillen, damit die Haut knusprig wird. Alternativ kann man die Haut mit einem Heißluftgebläse erhitzen.

4. Die Melonenstücke auf vier Teller verteilen und ein paar Spritzer warmen Zitronensaft darübergeben. Das Fleisch aufschneiden und auf der Melone anrichten.

SPECKBANANE

FÜR 6 PERSONEN ALS SNACK
ZUBEREITUNG: 20 MINUTEN
SCHWIERIGKEIT: ✪✪✪

2 Bananen
2 EL Sojasauce
2 Scheiben Speck
1 EL Ingwerpaste
frisch gemahlener Pfeffer
1 rote Zwiebel
Salz
1 EL Rotweinessig
1 EL Olivenöl

1. Die Bananen schälen und mit der Sojasauce bestreichen.

2. Die Speckscheiben auf ein Schneidbrett legen und jede Scheibe mit einem Messer ausstreichen, sodass sie länger und dünner wird. So werden die Scheiben beim Grillen krosser. Jede Scheibe dünn mit Ingwerpaste bestreichen, mit etwas Pfeffer bestreuen und straff um eine Banane wickeln. Die Speckbananen indirekt 15 Minuten bei 180 °C grillen, bis der Speck knusprig ist.

3. In der Zwischenzeit die rote Zwiebel sehr fein schneiden – ich verwende nur die äußeren Schichten, das Innere der Zwiebel schmeckt mir zu intensiv. Die Zwiebel mit einer Prise Salz, dem Essig und dem Öl verrühren.

4. Die Bananen in mundgerechte Stücke schneiden und mit dem Zwiebelmix bestreuen.

SPECKZWIEBELN

FÜR 6 PERSONEN ALS SNACK
ZUBEREITUNG: 1 STUNDE 30 MINUTEN
SCHWIERIGKEIT: ✪✪✪

6 Gemüsezwiebeln
100 g Bacon, gewürfelt
100 g Cheddar, frisch gerieben
120 g Sauerrahm
frisch gemahlener schwarzer Pfeffer
Basilikumblätter, fein geschnitten

1. Die Zwiebeln schälen und mehrfach kreuzweise auf der Oberseite einschneiden. Die Schnitte nicht zu tief führen, sonst bricht die Zwiebel auseinander. In die Schnitte die Baconwürfel stecken.

2. Die Zwiebeln 1 Stunde bei etwa 150 °C indirekt grillen, vorzugsweise auf einer Gussplatte. Dann sollten sie so weich sein, dass man sie mit einem breiten Löffel flach drücken kann.

3. Den geriebenen Cheddar über die Zwiebeln streuen und die Zwiebeln noch einmal 15 Minuten grillen, bis der Käse zerlaufen ist. Zum Schluss ein wenig Sauerrahm, etwas Pfeffer und Basilikum darübergeben.

SPANFERKELRÜCKEN MIT THUNFISCH-SAUCE

FÜR 4 PERSONEN ALS HAUPTGERICHT
ZUBEREITUNG: 30 MINUTEN
SCHWIERIGKEIT: ✪ ✪ ✩

---

1 Spanferkelrücken ohne Knochen
Salz
200 g junger Spinat
5 Zweige Thymian
frisch gemahlener Pfeffer

FÜR DIE THUNFISCHSAUCE
100 g Thunfisch aus der Dose
2 Eier, Größe M
50 ml Milch
200 ml Olivenöl
2 EL Zitronensaft
3 Sardellenfilets
2 EL Kapern

1. Alle Zutaten für die Sauce in den Mixer geben und pürieren.

2. Von dem Spanferkelrücken die Schwarte entfernen und die verbleibende Fettschicht fein rautenförmig einritzen. Das Fleisch ein wenig mit Salz würzen und mit der Fettseite nach unten auf eine kalte Gussplatte legen.

3. Die Platte auf dem Grill 20 Minuten langsam erwärmen, sodass das Fett ausschmelzen kann und sich eine schöne Kruste bildet. Dann das Fleisch auf dem Rost direkt bei höherer Hitze unter mehrfachem Wenden ringsum angrillen, sodass sich Röstaromen bilden. Wenn es eine Kerntemperatur von 60 °C erreicht hat, vom Grill nehmen und warm stellen.

4. Den Spinat in das Fett auf der Gussplatte geben und zusammenfallen lassen; salzen und pfeffern. Das Fleisch in 2–3 cm dicke Scheiben schneiden.

5. Den Spinat auf vier Teller verteilen, das Fleisch darauf anrichten. Die Thunfischsauce darübergeben und alles mit Thymianblättern garnieren.

Man kann den Rücken auch auf einem Drehspieß zubereiten (siehe Foto). Dazu den Knochen auslösen, das Fleisch salzen und aufrollen. Mit Küchengarn fixieren und auf den Drehspieß stecken. Bei 150 °C etwa 45 Minuten grillen, bis eine Kerntemperatur von 60 °C erreicht ist. Dann die Temperatur auf 180 °C erhöhen und so lange weitergrillen, bis eine schöne Kruste entstanden ist.

TOAST HAWAII

FÜR 4 PERSONEN ALS HAUPTGERICHT
MARINIEREN: 4 STUNDEN
ZUBEREITUNG: 30 MINUTEN
SCHWIERIGKEIT: ✪✪✪

2 Nackensteaks (3 cm dick)
6 Scheiben Bacon
4 Scheiben Toast
2 Knoblauchzehen, halbiert
4 Scheiben Ananas
4 Scheiben Gouda
4 Cocktailkirschen

FÜR DIE MARINADE
½ TL Salz
1 Msp. Senf
1 Gemüsezwiebel,
   in Scheiben geschnitten
300 ml Bier
2 EL Senf
3 Spritzer Tabasco

1. Sämtliche Zutaten für die Marinade verrühren und die Steaks mindestens 4 Stunden darin einlegen.

2. Die Steaks aus der Marinade nehmen, trocken tupfen und dann etwa 30 Minuten indirekt grillen, bis sie eine Kerntemperatur von 60 °C erreicht haben. Anschließend 3 Minuten direkt über großer Hitze grillen, bis das Fleisch braun und kross ist.

3. Während die Steaks garen, den Bacon knusprig grillen und mit Küchenpapier das Fett abtupfen. Die Toastscheiben auf einer Seite direkt auf dem Grill leicht toasten. Die getoastete Seite mit den Knoblauchzehen einreiben.

4. Die Steaks in Streifen schneiden und auf den Toasts verteilen. Den Bacon zerbröseln und über das Fleisch geben. Die Ananas und den Käse darauflegen.

5. Den Grill hochheizen und die Toasts indirekt grillen, bis der Käse geschmolzen ist. Wer mag, kann sich alternativ – wie auf dem Bild zu sehen ist – eine Art Holzkohle-Salamander basteln.

FÜR 4 PERSONEN ALS VORSPEISE
ZUBEREITUNG: 30 MINUTEN
SCHWIERIGKEIT: ✪✪✪

BLOODY HARRY

2 rote Zwiebeln
1 Tomate
8 Scheiben Blutwurst
1–2 EL Mehl
12 Scheiben knackiger Apfel
12 runde Scheiben Pumpernickel
2 EL Olivenöl
1 EL Weißweinessig
Salz, frisch gemahlener Pfeffer

FÜR DIE SAUCE
250 ml Ketchup
50 g Meerrettich, frisch gerieben
1 EL Sojasauce
Saft von ½ Limette
1 Spritzer Tabasco, Salz

1. Die Zwiebeln schälen und in acht Scheiben in der Größe der Apfelscheiben schneiden. Die Tomate in 4–5 mm dicke Scheiben schneiden.

2. Eine Gussplatte aufheizen, die Blutwurst mit dem Mehl bestauben und von beiden Seite auf der Platte grillen, bis sie leicht kross ist. Die Zwiebel-, Apfel- und Pumpernickelscheiben auch auf der Platte beidseitig grillen, sodass das Brot das austretende Fett der Blutwurst aufnehmen kann.

3. In der Zwischenzeit sämtliche Zutaten für die Sauce miteinander verrühren. Die Abschnitte von den Apfelscheiben, der Tomate und den Zwiebeln sowie etwas Brot in feine Streifen schneiden, mit dem Olivenöl und Essig anmachen, mit Salz und Pfeffer abschmecken und auf vier Teller geben.

4. Die gegrillten Scheiben wie folgt zu vier Türmen stapeln: Brot, Apfel, Blutwurst, Zwiebel, Apfel, Tomate, Brot, Apfel, Blutwurst, Zwiebel, Brot. Jeden Turm von oben mit einem Spieß fixieren und 2 EL Sauce darübergeben.

FÜR 4 PERSONEN ALS VORSPEISE
ZUBEREITUNG: 30 MINUTEN
SCHWIERIGKEIT: ✪✪✪

BLUTWURST-RHABARBER-SANDWICH

3 Schalotten
1 TL Olivenöl
3 dünne Stangen Rhabarber
1 EL Rotweinessig
1 TL Zuckerrübensirup
Salz, frisch gemahlener Pfeffer
200 g Blutwurst
2 Scheiben Sandwichtoast
4 Zweige Thymian

1. Die Schalotten schälen, fein würfeln und in dem Olivenöl auf der heißen Planchaplatte braten. Den Rhabarber putzen, in 1–1,5 cm große Stücke schneiden und zu den Schalotten geben. Sobald der Rhabarber weich ist, den Essig und den Sirup unterrühren; mit Salz und Pfeffer abschmecken.

2. Die Blutwurst in 1 cm dicke Scheiben schneiden und von beiden Seiten auf der Plancha grillen.

3. In der Zwischenzeit die Toasts rösten und quer halbieren. Das „Rhabarberchutney" und die Blutwurst auf die Brote geben und jede Portion mit einem Thymianzweig garnieren.

KARTOFFEL-LEBERKÄS-BURGER

FÜR 4 PERSONEN ALS HAUPTGERICHT
ZUBEREITUNG: 45 MINUTEN
SCHWIERIGKEIT: ✪✪✪

FÜR DIE KARTOFFELBUNS
4 Tomaten
500 g mehligkochende Kartoffeln
100 g Butter
1 Bund Frühlingszwiebeln
1 Bund Petersilie
3 EL Mehl

FÜR DIE BURGER
4 Scheiben Leberkäse
1 Gemüsezwiebel
4 schöne Salatblätter
süßer Senf
2 saure Gurken, in 16 Scheiben geschnitten

FÜR DIE BURGERSAUCE
2 EL Mayonnaise
1 EL Sweet Chili Sauce
½ TL Senf
1 TL Ketchup
1 Spritzer Tabasco
1 Prise Salz

1. Für die Buns die Tomaten überbrühen, enthäuten und in feine Würfel schneiden; auf Küchenpapier abtropfen lassen. Die Kartoffeln schälen, in gesalzenem Wasser (16 g Salz/l) weich kochen, abgießen und zerstampfen oder durch die Kartoffelpresse drücken. Die Butter zerlassen. Die Frühlingszwiebeln und die Petersilie klein hacken und mit den Tomaten, dem Mehl und der Butter unter die Kartoffelmasse rühren. Aus der Masse acht runde Teiglinge formen und diese indirekt 20 Minuten bei 200 °C auf dem Grill backen.

2. Die Leberkäsescheiben auf die Größe der Kartoffelbuns zuschneiden und dann von beiden Seiten direkt grillen, bis sie ein Grillmuster aufweisen.

3. Die Zwiebel schälen und in dünne Ringe schneiden. Für die Burgersauce alle Zutaten gut verrühren.

4. Zum Anrichten vier Kartoffelbuns einseitig dünn mit Burgersauce bestreichen. Jeweils ein Salatblatt und ein paar Zwiebelringe auflegen, darauf eine Scheibe Leberkäse setzen und mit reichlich süßem Senf bestreichen. Jeweils vier Scheiben saure Gurke daraufgeben und mit dem zweiten Kartoffelbun bedecken.

GRILLSPARGEL
MIT EIERSAUCE

FÜR 4 PERSONEN ALS HAUPTGERICHT
ZUBEREITUNG: 30 MINUTEN
SCHWIERIGKEIT: ✪ ✪ ✩

Salz, Zucker
12 Stangen weißer Spargel
12 Stangen grüner Spargel
12 Scheiben Serranoschinken
2 Eier, weich gekocht
100 g braune Butter
1 EL Zitronensaft
frisch gemahlener Pfeffer
2 EL Röstzwiebeln

1. 1 l Wasser mit 2 EL Salz und 2 EL Zucker verrühren.

2. Den Spargel waschen, aber nicht schälen, und für 30 Minuten in das Wasser legen. Jede Schinkenscheibe der Länge nach halbieren.

3. Den Spargel aus dem Wasser nehmen, abtropfen lassen und die oberen Enden der Stangen, die Köpfe, mit je einer halben Scheibe Schinken umwickeln, so sind sie vor der Hitze geschützt. Den Spargel direkt bei etwa 150 °C rundherum 20 Minuten grillen, bis er gar ist.

4. Die Eier mit der warmen braunen Butter und dem Zitronensaft pürieren und mit Salz und Pfeffer abschmecken.

5. Nun die holzigen Enden des grünen Spargels 1 cm hoch abschneiden, das untere Drittel der Stangen schälen. Den weißen Spargel ab dem Schinken schälen und ebenfalls die holzigen Enden kappen. Die Stangen auf vier Teller verteilen, die Sauce darübergeben und mit den Röstzwiebeln garnieren.

WILD & LAMM

Gegrilltes Wildfleisch ist ein Erlebnis der Extraklasse. Nicht nur Wildschwein, sondern auch Hirsch und Reh machen sich hervorragend auf dem Grill. Wildtiere leben frei im Wald und ernähren sich ausschließlich von dem, was ihnen die Natur bietet. Mehr Bio geht eigentlich nicht. Im Großmarkt, beim Metzger oder Wildhändler wird das Fleisch mittlerweile zu jeder Jahreszeit angeboten. Jeder Fleischliebhaber freut sich, wenn er ein gut zubereitetes Stück Wild serviert bekommt. Bislang denken nur wenige im Zusammenhang mit Wild an Grillen – das sollte sich ändern. Meines Erachtens wird diese Zubereitungsart von Wild unterschätzt, eröffnet sie doch kulinarisch sehr kreative Wege abseits der bekannten Schmorgerichte. Heutzutage, da eine durchgehende Kühlkette garantiert werden kann, ist die Verarbeitung von frischem Wildfleisch kein Problem. Früher, als es mit der Einhaltung der Kühlkette problematischer war, wurde Wildfleisch lange mariniert, um den mehr oder weniger ausgeprägten Wild- oder Verwesungsgeschmack – Stichwort Hautgout – zu überdecken. Und anschließend wurde das Tier endlos geschmort, damit es genießbar wurde – serviert mit reichlich Sauce und Preiselbeeren konnte dies aber auch lecker sein.

ENTE

HIRSCH

LAMM

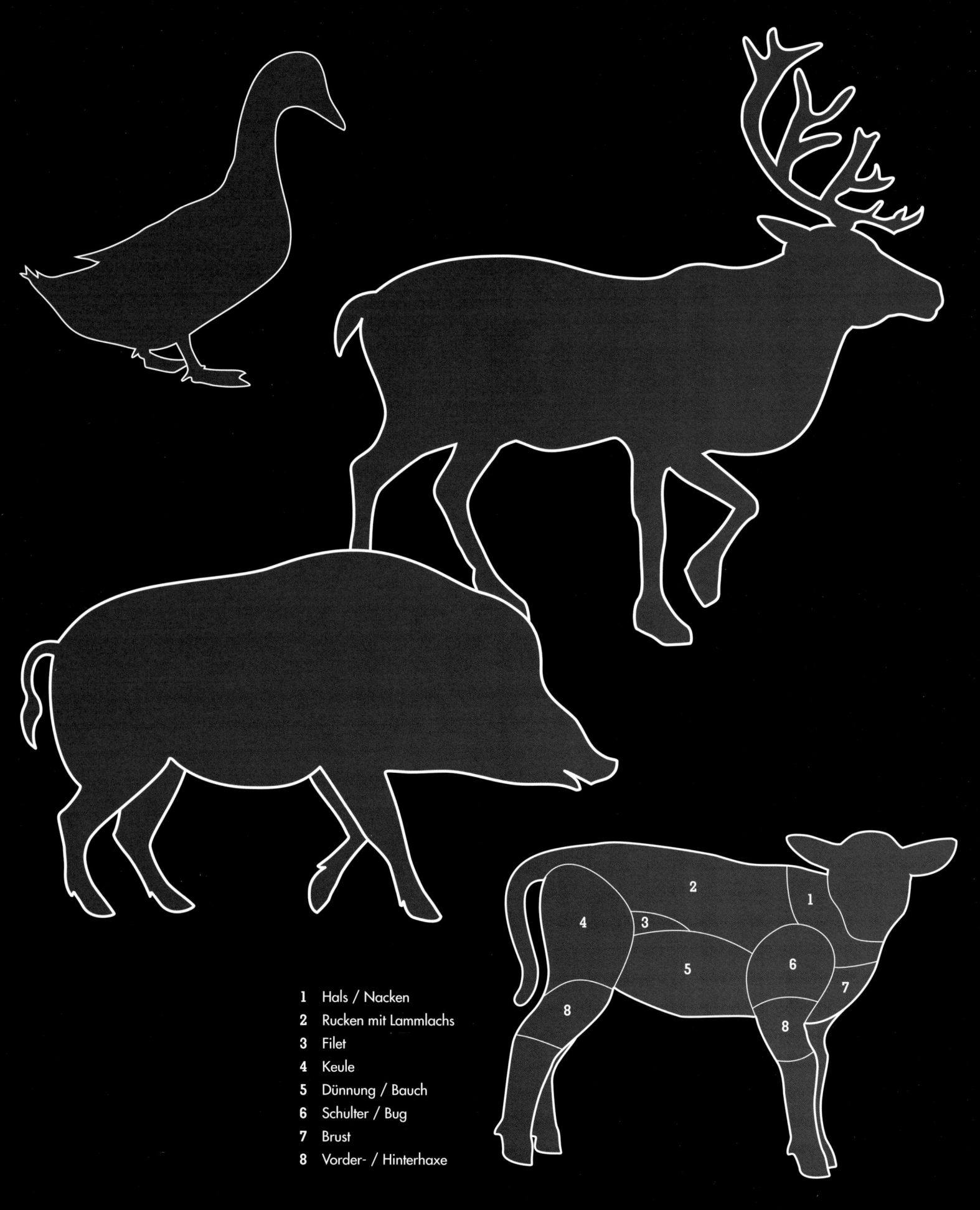

1 Hals / Nacken
2 Rucken mit Lammlachs
3 Filet
4 Keule
5 Dünnung / Bauch
6 Schulter / Bug
7 Brust
8 Vorder- / Hinterhaxe

EINMALIGER GESCHMACK

Das Fleisch von Tieren wie Lamm, heimischem Wild, Ente und Wachtel landet meiner Meinung nach viel zu selten auf dem Grill, dabei ist sein Geschmack einzigartig.

Ich erwische mich oft dabei, dass mir das Wasser im Mund zusammenläuft, wenn ich beim Recherchieren nach neuen Rezepten auf Gerichte rund um die Ente stoße. Dann lehne ich mich zurück und versuche, mir den delikaten, feinwürzigen Geschmack, der genauso zu fruchtig-süßen wie herzhaften Aromen passt, vorzustellen. Entenfleisch ist der wahrscheinlich leckerste Kompromiss für alle, denen Hähnchen zu alltäglich und Gans zu gehaltvoll erscheint.

Ähnlich ergeht es mir, wenn ich im Mittelmeerraum in einem Restaurant Kaninchen auf der Karte sehe und es dann genussvoll esse. Dann denke ich mir: „Du musst viel öfter Kaninchen zubereiten." Viel zu selten kommt dieses feine weiße Fleisch – ob geschmort oder gegrillt – auf den Tisch. Es wurde lange Zeit sträflich vernachlässigt und erst mit dem Trend zur mediterranen Küche hatte auch das Kaninchenfleisch sein verdientes Comeback und wird seither immer beliebter.

Lamm, der Klassiker der mediterranen und arabischen Küche, macht auch auf dem Grill eine gute Figur. Fast alle Teilstücke können auf dem Grill veredelt werden. Besonders gut eignen sich die Rückenpartie, entweder in Form von Koteletts oder ausgelöst als Lammlachs, und – nicht zu vergessen – die innenliegenden Filets. Auch Lammkeulen oder Teilstücke davon gelingen bestens auf dem Grill. Die Grillpalette erweitern zudem Spareribs vom jungen Lamm und Lammbauch, Rollbraten aus der Schulter, würzige Lammwürste wie die Merguez und Hackfleischspezialitäten wie Lamm-Cevapcici oder Köfte. Generell sollte Lammfleisch zum Grillen eine hell- bis dunkelrote Farbe aufweisen und nicht zu mager sein – idealerweise ist es von feinen Fettadern leicht durchzogen. Lammfleisch überzeugt mit seinem dezenten Eigengeschmack und wird durch mediterrane Gewürze gut unterstützt.

GEFÜLLTER HOKKAIDO

FÜR 4 PERSONEN ALS HAUPTGERICHT
ZUBEREITUNG: 2 STUNDEN
SCHWIERIGKEIT: ✪✪✪

---

800 g Wildschweinnacken
Salz
1 Hokkaidokürbis
1 EL Senf
1–2 Knoblauchzehen, zerdrückt
1 TL gemahlener Kümmel
frisch gemahlener Pfeffer
200 g kleine Kartoffeln
1 Gemüsezwiebel

1. Das Fleisch in 3 x 3 cm große Würfel schneiden und leicht salzen. Vom Kürbis oben einen Deckel abschneiden. Den Kürbis aushöhlen und von innen leicht salzen.

2. Die Wildschweinwürfel rundherum direkt angrillen, bis sie braun werden. Das Fleisch in eine Schüssel geben, mit dem Senf, Knoblauch und Kümmel sowie Pfeffer und Salz würzen.

3. Die Kartoffeln gründlich waschen und halbieren. Die Zwiebel schälen und in grobe Stücke schneiden. Beides zum Fleisch geben, alles gut vermischen und in den Kürbis füllen. Den Kürbisdeckel wieder auflegen.

4. Den Kürbis vorsichtshalber in eine Aluschale stellen (falls er zu weich wird, kann er auseinanderfallen) und 1 Stunde 30 Minuten bei 150 °C grillen. Den Kürbis vorsichtig vom Grill nehmen und servieren. Die Kürbisschale kann mitgegessen werden.

WILDSCHWEIN-KROKETTEN

FÜR 4 PERSONEN ALS VORSPEISE
ZUBEREITUNG: 20 MINUTEN
SCHWIERIGKEIT: ✪✪✪

200 g Wildschwein Pulled Pork
 (siehe Rezept rechts)
200 g Kartoffelkloßteig
BBQ-Sauce (siehe Seite 206)
Nachos, zerbröselt

1. Das Pulled Pork mit dem Kloßteig gut verkneten. Ein Achtel der Masse auf einen Holzspieß drücken. Auf diese Weise acht Holzspieße bestücken.

2. Die Spieße auf einer gefetteten Gussplatte von allen Seiten etwa 5 Minuten bei direkter mittlerer Hitze grillen, bis der Teig schön braun ist. Parallel die BBQ-Sauce erwärmen.

3. Die Spieße mit der warmen BBQ-Sauce bestreichen und mit Nachobröseln bestreuen.

WILDSCHWEIN-ROLLS

FÜR 4 PERSONEN ALS VORSPEISE
ZUBEREITUNG: 30 MINUTEN
SCHWIERIGKEIT: ✪✪✪

200 g Rotkohl
1 Prise Zucker
Salz, frisch gemahlener Pfeffer
100 g Butter
1 EL Balsamico
1 Päckchen Filoteig (Kühltheke)
200 g Wildschwein Pulled Pork
 (siehe Rezept rechts)

1. Den Rotkohl fein hobeln, mit dem Zucker sowie Salz und Pfeffer würzen und mindestens 3 Minuten durchkneten.

2. 1 EL Butter in einer Gusspfanne schmelzen und den Rotkohl darin braten, bis er weicher geworden ist, aber noch ein wenig Biss hat; mit dem Essig ablöschen. Die restliche Butter zerlassen.

3. Zwei Filoteig-Blätter übereinander auf die Arbeitsfläche legen und in 10 x 10 cm große Stücke schneiden. Das Pulled Pork mit dem Kohl vermischen und jeweils 1–2 EL davon so auf die Teigstücke geben, dass eine Teighälfte bedeckt ist. Die Teigränder mit flüssiger Butter bestreichen und die Quadrate vorsichtig einrollen. Die Ränder mit etwas Druck verschließen.

4. Die Rolls unter zweimaligem Wenden auf dem vorgeheizten Pizzastein 10–15 Minuten backen, bis sie ringsum braun sind.

WILDSCHWEIN PULLED PORK

BASIC-REZEPT FÜR 15 PERSONEN
ZUBEREITUNG: ETWA 20 STUNDEN
SCHWIERIGKEIT: ★★☆

---

3 kg Wildschweinschulter
   oder -nacken
Salz
400 ml Wildfond

FÜR DIE WÜRZPASTE
200 g Butterschmalz
1 EL Salz
2 EL edelsüßes Paprikapulver
2 EL Salz
1 EL brauner Zucker
1 EL Senf

Bei diesem Rezept habe ich mich bewusst mit typischen Wildgewürzen zurückgehalten, um dem Wildschweingeschmack eine Chance zu geben. Wer mag, kann das fertige Pulled Pork noch mit Wacholderbeeren, Lorbeerblättern, Piment, Thymian und Rosmarin abschmecken. Aufgrund der langen Grillzeit bereite ich immer mehr zu und friere das Fleisch portionsweise ein.

1. Das Fleisch trocken tupfen, rundherum leicht salzen und 20 Minuten ruhen lassen.

2. Das Butterschmalz leicht erwärmen, sodass es weich wird, und dann mit den restlichen Gewürzen für die Würzpaste vermischen. Das Fleisch rundherum mit dieser Paste einreiben.

3. Den Grill auf maximal 110 °C einstellen. Das Fleisch indirekt in einer Aluschale auflegen und 3 Stunden grillen. Dabei gelegentlich mit dem aufgefangenen Fett in der Schale bestreichen.

4. Nun das Wildschwein direkt auf den Rost legen und 1 Stunde grillen, wer mag, kann mit einer Räucherpfeife Rauch hinzugeben.

5. Das Fleisch vom Grill nehmen, mit dem Wildfond und dem Fett aus der Aluschale in Alufolie einwickeln und so indirekt grillen, bis es eine Kerntemperatur von 90 °C hat. Das kann 12–15 Stunden dauern.

6. Den Grill ausschalten und das Fleisch so lange darauf liegen lassen, bis es wieder eine Kerntemperatur von 60 °C hat. Die Alufolie öffnen, das Fleisch in eine Schale legen und zerzupfen, sodass eventuell austretende Flüssigkeit aufgefangen und wieder untergemischt werden kann.

HIRSCHRÜCKEN MIT RADICCHIO

FÜR 4 PERSONEN ALS HAUPTGERICHT
ZUBEREITUNG: 2 STUNDEN
SCHWIERIGKEIT: ★★☆

---

1 kg Hirschrücken, küchenfertig vorbereitet
Salz
100 g Butterschmalz
3 EL Wildgewürz (Wacholder, Piment, Lorbeer, Oregano, Rosmarin)

FÜR DEN RADICCHIO
6 EL Kürbiskernöl
2 EL Balsamico
2 EL Zuckerrübensirup
Salz, frisch gemahlener Pfeffer
2 Köpfe Radicchio

ZUBEHÖR
Tannen- oder Fichtenzweige

1. Das Fleisch leicht salzen und für 15 Minuten an einen warmen Ort stellen. Das Butterschmalz leicht erwärmen, sodass es weich wird, mit den Gewürzen vermischen und den Hirschrücken mit der Paste einreiben.

2. Die Tannenzweige auf den indirekten Teil des Grills legen. Das Fleisch daraufgeben und unter mehrmaligem Wenden bei 150 °C etwa 1 Stunde 30 Minuten grillen, bis es eine Kerntemperatur von 60 °C erreicht hat.

3. Inzwischen für den Radicchio das Öl mit dem Essig und Sirup vermischen und mit Salz und Pfeffer abschmecken. Die Radicchioköpfe halbieren und die Schnittflächen mit dem Würzöl bestreichen. Das restliche Würzöl warm stellen.

4. Den Radicchio mit den Schnittflächen nach unten auf den 180 °C heißen Grill legen und indirekt 15–20 Minuten grillen, bis er ein wenig zusammenfällt. Vom Grill nehmen.

5. Den Radicchio in Streifen schneiden, auf eine Platte geben und mit Würzöl beträufeln. Das Fleisch in Scheiben schneiden und darauf anrichten.

REHKEULE
MIT ROSMARIN-ÄPFELN

FÜR 4 PERSONEN ALS HAUPTGERICHT
ZUBEREITUNG: 3 STUNDEN
SCHWIERIGKEIT: ✖✖✧

---

1 Rehkeule, ausgelöst (1–1,5 kg)
2 Schalotten
3 EL Butterschmalz
2 Zweige Rosmarin
Salz, frisch gemahlener Pfeffer
3 Zweige Thymian
1 Knoblauchzehe
abgeriebene Schale von
   1 unbehandelten Zitrone
3 EL Olivenöl

FÜR DIE ROSMARINÄPFEL
1 walnussgroßes Stück Ingwer
4 Äpfel (beispielsweise Boskop)
4 Zweige Rosmarin
Salz, frisch gemahlener Pfeffer

1. Die Rehkeule parieren. Die Schalotten schälen und fein würfeln. Die Fleischabschnitte in dem Butterschmalz mit einem Zweig Rosmarin und den Schalotten ausbraten. So nimmt das Butterschmalz die Aromen an. Die groben Teile aus dem Schmalz fischen und das Fett abkühlen lassen.

2. Das Fleisch von allen Seiten salzen und pfeffern. Von dem zweiten Rosmarinzweig und dem Thymian die Nadeln und Blätter abzupfen. Den Knoblauch schälen und durchpressen und mit den Rosmarin- und Thymianblättern, der Zitronenschale und dem Öl verrühren; das Butterschmalz einarbeiten.

3. Das Fleisch mit der Hälfte des Kräuteröls bestreichen und indirekt 1 Stunde bei maximal 120 °C grillen. Dann das Fleisch mit dem restlichen Kräuteröl bestreichen und erneut 1 bis 1 Stunde 30 Minuten grillen, bis es eine Kerntemperatur von 60 °C erreicht hat.

4. Inzwischen für die Rosmarinäpfel den Ingwer schälen und in Stifte schneiden. Die Äpfel mit den Rosmarinzweigen und den Ingwerstiften spicken und für 30–40 Minuten bei 120 °C indirekt auf den Grill legen, bis sie weich sind.

5. Die Rehkeule in Stücke schneiden und mit den Bratäpfeln auf vier Tellern anrichten.

LAMMKÖFTE-SPIESS

FÜR 4–6 PERSONEN ALS HAUPTGERICHT
ZUBEREITUNG: 45 MINUTEN
SCHWIERIGKEIT: ★★☆

1 Gemüsezwiebel
2 Bund Petersilie
1 Handvoll Minze
1 Handvoll Dill
1,5 kg Lammhackfleisch
1 EL Koriandersamen, leicht geröstet
1 EL Fenchelsamen, leicht geröstet
1 TL geräuchertes Paprikapulver
½ TL Cayennepfeffer
½ TL Chiliflocken
2 ½ TL Salz
1 EL gemahlener Kümmel

FÜR DEN JOGHURT-DIP
150 g stichfester Joghurt
100 g Schmand
80 ml Olivenöl
1 Msp. fein gehackte rote Chilischote
1 Prise Zucker
Salz
Saft und Schale von
 1 unbehandelten Zitrone

1. Die Zwiebel schälen, halbieren und fein reiben. Petersilie, Minze und Dill klein schneiden und mit der Zwiebel gut vermischen. Das Hackfleisch in einer Schüssel mit der Zwiebel-Kräuter-Mischung vermengen. Koriander- und Fenchelsamen in einem Mörser zerstoßen. Beides zusammen mit den anderen Gewürzen über das Fleisch streuen. Alles mindestens 3 Minuten sorgfältig verkneten.

2. Das Fleisch auf zwei 3-l-Gefrierbeutel verteilen und in den Beuteln erneut vermengen. Dann eine Ecke der Beutel abschneiden, sodass eine Öffnung von 2,5–3 cm Länge entsteht.

3. Durch die entstandene Öffnung einen Metallspieß in die Beutel stecken. Beim Herausziehen des Spießes Hackfleisch auf den Spieß drücken. Auf diese Weise sieben weitere Spieße bestücken, sodass das Hackfleisch aufgebraucht ist.

4. Die Spieße auf den Grill legen und 20–30 Minuten bei etwa 180 °C indirekt unter mehrfachem Wenden grillen. Oder die Spieße zwischen die Roste klemmen, sodass das Fleisch frei hängt. Während das Fleisch gart, für den Dip Joghurt und Schmand in einer Schale glattrühren. Das Olivenöl dazugeben und den Dip mit dem Chili, Zucker und Salz würzen; zum Schluss mit etwas Zitronensaft und -schale abschmecken. Den Dip zu den Köfte servieren.

Die Köfte eignen sich wunderbar als Füllung für Tortillas. Dafür Zwiebelringe und Paprikascheiben mit dem Joghurt-Dip auf die gegrillten Tortillas geben. Den Köfte-Spieß drauflegen und einwickeln.

LAMMSCHULTER MIT ZUCKERSCHOTEN

FÜR 4 PERSONEN ALS HAUPTGERICHT
ZUBEREITUNG: 1 STUNDE 15 MINUTEN
SCHWIERIGKEIT: ✪✪✪

---

1 Lammschulter (etwa 1 kg), ausgelöst
Salz
3 Knoblauchzehen
6 Sardellenfilets in Öl, abgetropft
Olivenöl
200 g Zuckerschoten
2 Zweige Rosmarin
frisch gemahlener Pfeffer
abgeriebene Schale von 1 unbehandelten Zitrone

1. Die Lammschulter rundherum leicht salzen und mithilfe eines dünnen spitzen Messers mit sechs kleinen Einstichen versehen. Die Knoblauchzehen schälen, längs halbieren und zusammen mit den Sardellenfilets in die Einschnitte stecken.

2. Das Fleisch mit Olivenöl einreiben und etwa 1 Stunde indirekt bei 120 °C grillen, bis es eine Kerntemperatur von 58 °C erreicht hat.

3. In der Zwischenzeit die Zuckerschoten in eine Schüssel geben und mit ein paar Spritzern Olivenöl vermengen. Von beiden Seiten direkt (am besten in einer Grillschale) grillen, bis sie an einigen Stellen Blasen werfen.

4. Das Fleisch vom Grill nehmen und warm stellen. Den Grill auf maximale Hitze hochheizen. Die Schulter wieder auflegen und auf jeder Seite etwa 20 Sekunden grillen, bis sich ein Grillmuster gebildet hat. Bei einem Grill mit Sizzle Zone von Napoleon kann das Fleisch sofort auf der Sizzle Zone fertig gegrillt werden.

5. Die Rosmarinnadeln sehr fein hacken und mit Salz, Pfeffer und der Zitronenschale vermischen. Die Zuckerschoten auf vier Teller verteilen, das Fleisch aufschneiden und darauf anrichten. Beides mit dem Rosmarinsalz bestreuen und mit ein paar Tropfen Olivenöl beträufeln.

KANINCHENRÜCKEN IM BROTMANTEL

FÜR 4 PERSONEN ALS HAUPTGERICHT
ZUBEREITUNG: 45 MINUTEN
SCHWIERIGKEIT: ✪ ✪ ✪

---

2 Kaninchenrücken mit Bauchlappen, küchenfertig vorbereitet
Salz
2 Kugeln Mozzarella
4 Kirschtomaten
12 EL frisch geriebener Parmesan
Paprikapulver, edelsüß
Olivenöl
15 Basilikumblätter
2 Scheiben Tramezzini; alternativ 4 Scheiben Sandwichtoast, Rinde entfernt
6 Scheiben Bacon

1. Die Innenseite der Kaninchenrücken leicht salzen. Den Mozzarella und die Tomaten in kleine Würfel schneiden. Den Parmesan dazugeben und die Mischung mit Paprikapulver und ein paar Spritzern Olivenöl würzen. Das Ganze gut vermischen. Die Fleischinnenseite mit den Basilikumblättern belegen und die Käsemischung darauf verteilen.

2. Die Tramezzinischeiben mit einem Nudelholz ausrollen, sodass sie dünner werden, und leicht überlappend auf die Arbeitsfläche legen. Den Bacon mit einem Messer auf der Arbeitsplatte ausstreichen, damit die Scheiben länger und dünner werden.

3. Das Fleisch mit der Käsefüllung aufrollen, auf die Tramezzini legen und darin straff einrollen. Dann den Speck um die Rolle wickeln und den Kaninchenrücken 30 Minuten indirekt bei 150 °C grillen.

KANINCHENKEULEN MIT SÜSSKARTOFFELN

FÜR 4 PERSONEN ALS HAUPTGERICHT
ZUBEREITUNG: 1 STUNDE 30 MINUTEN
MARINIEREN: 12 STUNDEN
SCHWIERIGKEIT: ★★☆

---

4 Kaninchenkeulen
Salz, frisch gemahlener Pfeffer
100 ml Weißwein
200 ml Olivenöl,
    plus etwas Öl für den Kohl
14 Zweige Thymian
1 Spritzer Tabasco
1 EL Senf
2 EL Teriyakisauce
4 Süßkartoffeln
1 Zitrone
100 g Butter
1 Chinakohl

1. Die Keulen salzen und pfeffern. Den Wein, das Öl, vier Zweige Thymian, den Tabasco, den Senf und die Teriyakisauce in einem Ziploc-Beutel vermischen. Die Keulen dazugeben, den Beutel verschließen und für mindestens 12 Stunden in den Kühlschrank legen.

2. Die Süßkartoffeln in Wasser weich kochen oder in Alufolie wickeln und bei 200 °C je nach Größe etwa 1 Stunde grillen, bis sie weich sind. Inzwischen die Zitrone halbieren und auf den Schnittflächen direkt angrillen, bis sie leicht braun geworden ist. Die Butter in einem Topf zerlassen, leicht salzen, den Zitronensaft hineinpressen und zehn Zweige Thymian hineinlegen. Den Thymian etwa 30 Minuten darin ziehen lassen, damit die Butter die Aromen annimmt.

3. Die Keulen auf zwei Spieße verteilen (siehe Foto) oder einfach so indirekt grillen: etwa 45 Minuten bei 150 °C. Dann direkt grillen, bis das Fleisch Röststellen hat.

4. Inzwischen den Chinakohl halbieren, die Schnittflächen leicht salzen und mit Olivenöl bestreichen. Den Kohl mit den Schnittflächen nach unten 20 Minuten indirekt grillen.

5. Die weichen Süßkartoffeln rundherum leicht drücken, so entstehen darin kleine Hohlräume. Die Thymianbutter mit der Marinadenspritze in die warmen Kartoffeln spritzen.

6. Die Kohlhälften noch einmal halbieren und mit jeweils einer Keule und einer Süßkartoffel auf vier Tellern anrichten.

WACHTEL MIT RUCOLA-GEMÜSE

FÜR 4 PERSONEN ALS HAUPTGERICHT
ZUBEREITUNG: 45 MINUTEN
MARINIEREN: 2 STUNDEN
SCHWIERIGKEIT: ★★☆

---

4 Wachteln
Salz

FÜR DIE MARINADE
1 Knoblauchzehe
5 Zweige Thymian
2 Zweige Rosmarin
½ TL Salz
1 Prise Cayennepfeffer
50 ml Olivenöl
abgeriebene Schale von
   1 unbehandelten Zitrone

FÜR DAS GEMÜSE
100 g Rucola
2 rote Zwiebeln
1 Bund Radieschen
Salz, frisch gemahlener Pfeffer
40 ml Sojasauce
Saft von 1 Zitrone

1. Für die Marinade den Knoblauch schälen und klein hacken, die Blätter und Nadeln von Thymian und Rosmarin abstreifen. Salz und Cayennepfeffer in einem Mörser zerstoßen, das Olivenöl, den Knoblauch und die Kräuter dazugeben und alles zu einer Paste verarbeiten. Die Zitronenschale unterrühren.

2. Die Wachteln auf den Bauch legen, mit einer Geflügelschere beidseits des Rückgrats aufschneiden und das Rückgrat entfernen. Die Tiere mit Druck spreizen und das Brustbein entfernen.

3. Die Wachteln 40 Sekunden in kochendem Wasser blanchieren, herausnehmen und für 2 Minuten in Eiswasser legen; dann sorgfältig trocken tupfen. Das Fleisch leicht salzen und 10 Minuten ziehen lassen. Dann die Wachteln mit Marinade einreiben und 2 Stunden marinieren.

4. Die marinierten Wachteln wie ein Steak über direkter mittlerer Hitze etwa 10 Minuten grillen, dabei zweimal wenden.

5. Den Rucola waschen und grob zerpflücken. Die Zwiebeln schälen und in Ringe schneiden. Die Radieschen putzen und vierteln. Alles mit der restlichen Marinade auf eine Gussplatte geben und rundherum anbraten; mit Salz und Pfeffer würzen. Das Gemüse mit der Sojasauce und dem Zitronensaft ablöschen.

6. Das Rucolagemüse auf vier Teller verteilen und die Wachteln darauf oder daneben anrichten.

ENTENKEULE MIT MAIS

FÜR 4 PERSONEN ALS HAUPTGERICHT
ZUBEREITUNG: 1 STUNDE 30 MINUTEN
SCHWIERIGKEIT: ✪✪✪

---

4 Entenkeulen
Salz
2 Maiskolben
100 g Butter
2 EL BBQ-Gewürz (z. B. Basic Rub auf Seite 211)

FÜR DIE MARINADE
6 EL Olivenöl
½ TL Wasabipaste
1 Msp. Senf
1 EL fein gehacktes Koriandergrün
1 EL Sojasauce
Saft von 1 ½ Limetten
1 EL Honig

1. Die Keulen am Kniegelenk in Oberschenkel und Unterschenkel trennen. Beim Oberschenkel die Knochen entfernen. Das abgelöste Fleisch von beiden Seiten leicht salzen, zu einer Art Kloß formen, straff in Frischhaltefolie wickeln und für 30 Minuten in den Kühlschrank stellen.

2. Inzwischen sämtliche Zutaten für die Marinade verrühren. Die Haut von den Unterschenkeln lösen und wie einen Strumpf herunterstreifen. Das nun freiliegende Fleisch ringsherum leicht einschneiden und mit Salz und einem Teil der Marinade einreiben. Die Haut wieder über das Fleisch nach oben ziehen. Dann die Haut am unteren Knochenende rundherum vom Knochen schneiden und nach oben schieben, sodass das Fleisch komplett mit Haut bedeckt ist und der Knochen frei liegt.

3. Von den Maiskolben die Blätter herunterstreifen, aber nicht entfernen. Die Kolben mit Butter einreiben und mit BBQ-Rub bestreuen. Die Kolben wieder mit den Blättern umhüllen.

4. Aus Alufolie vier Ringe von etwa 8 cm Durchmesser und 4 cm Höhe formen. Die Oberschenkel mit der Haut nach oben in die Aluringe drücken, damit sie ihre Form behalten, und etwa 45 Minuten bei 180 °C indirekt grillen. Dann die Ringe entfernen, die Schenkel wenden und die Haut grillen. Auf jeden Oberschenkel 1–2 TL Marinade geben und die Schenkel direkt weitergrillen, bis sie braun und knusprig sind. Den Mais indirekt zusammen mit den Oberschenkeln grillen. Die Unterschenkel aufrecht auf den Grill stellen und 1 Stunde bei gleicher Temperatur ebenfalls gleichzeitig grillen.

5. Jeweils einen Ober- und Unterschenkel auf die Teller geben. Die Maiskörner mit einem Messer vom Kolben runterschneiden und neben den Keulen anrichten. Die restliche Marinade über Fleisch und Mais träufeln.

PULLED DUCK

BASIC-REZEPT FÜR 6 PERSONEN
ZUBEREITUNG: 5 STUNDEN
MARINIEREN: 4 STUNDEN
SCHWIERIGKEIT: ✪✪✪

4 Entenkeulen à etwa 300 g
BBQ-Gewürz für Geflügel (dafür beim Basic Rub auf Seite 211 schwarzen Pfeffer durch Orangenpfeffer und Cayennepfeffer durch Ingwerpulver ersetzen)

FÜR DIE BEIZE
20 g Salz
10 g Zucker

1. Für die Beize das Salz und den Zucker in 500 ml Wasser auflösen. Die Keulen entbeinen, in die Beize legen und mindestens 4 Stunden – am besten aber über Nacht – darin marinieren.

2. Die Keulen aus der Flüssigkeit nehmen, abtupfen und mit dem BBQ-Rub von allen Seiten würzen.

3. Den Grill auf 120 °C vorheizen und die Keulen 4–5 Stunden indirekt garen. Dann vom Grill nehmen, die Haut entfernen und das Fleisch zerzupfen. Die Haut sehr fein schneiden und unter das Fleisch mischen. Mit BBQ-Rub oder BBQ-Sauce abschmecken.

ENTENWRAPS

FÜR 4 PERSONEN ALS HAUPTGERICHT
ZUBEREITUNG: 45 MINUTEN
SCHWIERIGKEIT: ✪✪✪

3 EL süße Chilisauce
300 g Pulled Duck (siehe oben)
abgeriebene Schale von ½ unbehandelten Orange
3 EL Sojasauce
½ Salatgurke
50 ml Reisessig
5 g Zucker
5 g Salz
3 Frühlingszwiebeln
4 Tortillas
2 EL Sesam
2 EL Röstzwiebeln

1. Die Chilisauce durch ein Sieb gießen, die festen Bestandteile beiseitestellen. Das Pulled Duck erwärmen und mit der Orangenschale, der flüssigen Chilisauce und der Sojasauce abschmecken.

2. Die Gurke schälen, in feine Scheiben hobeln und mit dem Reisessig, Zucker und Salz 30 Minuten marinieren; abtropfen lassen. Die Frühlingszwiebeln putzen, in feine Ringe schneiden und kurz unter kaltem Wasser abbrausen.

3. Die vier Tortillas nebeneinander auf die Arbeitsplatte legen. Am Rand auf jede Tortilla einen Streifen Gurkenscheiben und Frühlingszwiebeln geben. Mit einer Umdrehung leicht einrollen. Das warme Fleisch ebenfalls in einem Streifen auf die Tortilla geben und diese nun komplett straff einrollen.

4. Die Rolls nur kurz ringsum direkt angrillen und dann auf der Fleischseite in 1 Minute fertiggrillen. Jede Tortilla in vier Stücke schneiden und diese aufrecht auf Tellern anrichten. Die festen Bestandteile der Chilisauce mit dem Sesam und den Röstzwiebeln vermischen und die Schnittflächen der Tortillas damit garnieren.

ENTENBRUST MIT KÜRBIS

FÜR 4 PERSONEN ALS HAUPTGERICHT
ZUBEREITUNG: 45 MINUTEN
SCHWIERIGKEIT: ✪✪✪

---

2 Entenbrüste
2 unbehandelte Orangen
Salz, frisch gemahlener Pfeffer
5 Zweige Thymian, Blätter abgezupft
2 Scheiben Bacon
1 Butternusskürbis
1 Apfel
150 g Feldsalat, verlesen
1 EL Weißweinessig
5 El Kürbiskernöl
1 Msp. Senf

1. Das Fleisch leicht anfrieren und dann der Länge nach in Streifen schneiden. Eventuell überstehendes Fett abschneiden. Die Streifen von jeder Brust mit der kurzen Seite 2–3 cm überlappend hintereinander auf die Arbeitsfläche legen, die Haut sollte nach einer Seite zeigen. Die Schale von 1 Orange abreiben. Das Fleisch leicht salzen, pfeffern und mit der Orangenschale sowie dem Thymian bestreuen.

2. Die Überreste vom Fleisch und den Bacon zu einer Art Tatar schneiden; salzen und pfeffern. Den bauchigen Teil vom Kürbis abschneiden und beiseitelegen. Den „Kürbishals" schälen, das Fruchtfleisch mit einem Sparschäler in 2–3 cm breiten Streifen abschälen und auf das Fleisch legen. Die Entenstreifen der Länge nach aufrollen, die Rollen mit Küchengarn fixieren.

3. Die Rollen auf eine kalte Planchaplatte legen und langsam erwärmen. Das Ententatar mit auf die Platte geben und kross ausbraten. Den bauchigen Teil des Kürbisses schälen und acht bis zwölf 3 mm dünne Scheiben abschneiden. Diese mit auf die Planchaplatte legen.

4. Wenn das Entenfett geschmolzen ist, den Deckel des Grills schließen und alles 10–15 Minuten garen, wenden und weitere 10 Minuten garen. Die Rollen erneut wenden und noch 5 Minuten grillen, bis sie maximal eine Kerntemperatur von 60 °C haben.

5. Die zweite Orange quer halbieren, eine Hälfte schälen. Die ungeschälte Hälfte auspressen. Die geschälte Hälfte in vier, den Apfel in acht bis zwölf Scheiben schneiden. Beides auf der Planchaplatte 5 Minuten mitgrillen. Den Salat waschen und auf vier Teller verteilen. Die Orangen-, Apfel- und Kürbisscheiben sowie das Fleisch übereinander darauf anrichten. Mit dem Ententatar bestreuen. Aus Essig, Öl, Senf, Salz, Pfeffer und 2 EL Orangensaft eine Vinaigrette rühren und diese darübergeben.

ASIA-ENTENBRUST MIT KNÖDELN

FÜR 4 PERSONEN ALS HAUPTGERICHT
ZUBEREITUNG: 45 MINUTEN
MARINIEREN: 2 STUNDEN
SCHWIERIGKEIT: ✪✪✪

---

2 Entenbrustfilets à 200 g
2 Minigurken
1 TL Salz
1 TL Zucker
50 ml Sushi-Essig
100 g Butter
50 ml Sojasauce
3–4 Spritzer Tabasco
8 Scheiben Hefeknödel
2 Frühlingszwiebeln, geputzt
100 ml Sauce für Pekingente
  (nach Belieben)
Sesam zum Garnieren

FÜR DIE MARINADE

100 ml Teriyakisauce
2 Sternanis
3 Scheiben unbehandelte Orange
1 Prise Salz
2 EL süße Chilisauce

1. Die Entenbrustfilets waschen und trocken tupfen. Eventuell überstehendes Fett abschneiden. Die Filets mit einem scharfen Messer auf der Hautseite mit etwa 0,5 cm Abstand rautenförmig leicht einschneiden.

2. Sämtliche Zutaten für die Marinade verrühren. Marinade und Entenbrüste in einen verschließbaren Gefrierbeutel geben und mindestens 2 Stunden – am besten über Nacht – marinieren. Die Gurken in feine Scheiben hobeln, mit dem Salz, Zucker und Essig vermischen und mindestens 30 Minuten marinieren.

3. Das Fleisch aus der Marinade nehmen, gründlich abtupfen und mit der Haut auf eine kalte Gussplatte legen. Diese auf dem Grill langsam erwärmen, damit so viel Fett wie möglich unter der Entenhaut schmelzen kann. Dann den Deckel des Grills schließen und die Brust garen. Nach 10–15 Minuten das Fleisch wenden, nach weiteren 10 Minuten die Hautseite erneut nach unten legen und die Brüste in 5 Minuten fertig grillen, bis sie eine Kerntemperatur von maximal 60 °C haben.

4. Butter, Sojasauce und Tabasco in eine feuerfeste Schale geben und auf dem Grill erwärmen, sodass sich die Zutaten vermischen. Die Knödelscheiben in der Flüssigkeit wenden, sodass sie langsam weich werden, aber nicht durchweichen. Die Knödel von beiden Seiten direkt grillen, bis sie Röststreifen bekommen. Die Frühlingszwiebeln in feine Ringe schneiden.

5. Die Gurken etwas abtropfen lassen und auf den Knödelscheiben verteilen. Die Entenbrüste in dünne Scheiben schneiden und daraufgeben. Die Zwiebelringe darüberstreuen und nach Belieben mit einer Spritzflasche die Entensauce darübergeben. Mit etwas Sesam dekorieren und servieren.

HUHN

In der Regel wird der Geschmack von Hühnerfleisch nicht als aufregend, sondern eher als fad und langweilig bezeichnet. Diese Vorurteile entstehen vor allem durch das enthäutete, entbeinte Brustfleisch von Tieren der Intensivmast, das überwiegend angeboten wird. Dies kann man wirklich mit einer Art trockenem Tofu für Fleischesser gleichsetzen. Als Vorteil dieses eher geschmacksneutralen Fleischs kann man gelten lassen, dass es Gerichten etwas Biss verleiht und weiteren Aromen, ob salzig, süß, fruchtig oder würzig, nicht in die Quere kommt. Ursprünglich war der Brustmuskel mal dafür da, dass der Vogel fliegen kann. Mittlerweile wurde er so gezüchtet, dass er nur noch zur Fleischproduktion dient. Oder anders gesagt: Der Muskel ist faul und bewegt sich sehr selten. Die durchtrainierten Körperteile, die bewegt werden, sind dagegen sehr schmackhaft. Dazu zählen die Keulen und Schenkel. Mit diesen unterschiedlichen Eigenschaften ausgestattet, hat jedes Teil am Hähnchen seine Fans, und man kann daraus ohne allzu viel Mühen kleine Köstlichkeiten vom Grill bereiten. Damit sie gelingen, ist gerade hier natürlich auch das Wissen um die richtige Temperatur und Grillzeit der Teile ausgesprochen wichtig.

YAKITORI

WINGS

KEULE

1 Kopf mit Hals und Kamm
2 Keule
3 Flügel
4 Brust

BEWEGUNG – DAS A UND O

Die ersten domestizierten Haushühner tauchten vor etwa 8.000 Jahren in Indien auf. Heute gibt es rund 200 Rassen, die entweder wegen ihres Fleischs oder als Legehennen gezüchtet werden. Je nach Alter und Gewicht unterscheidet man Stubenküken, Hähnchen (kann auch weiblich sein) und Poularde. Doch nicht nur Alter und Gewicht, auch die Fütterung des Geflügels spielt eine große Rolle und ist manchmal sogar ein Verkaufsargument. Bekannte Vertreter sind hier die Maishähnchen. Zudem gibt es die Suppenhühner und die Legehennen, die aus Altersgründen geschlachtet werden. Herkömmliches Hähnchenfleisch aus dem Supermarkt ist bei richtiger Zubereitung zart und saftig, aber geschmacklich nicht mit dem von Tieren aus Freilandhaltung zu vergleichen, da bei diesen durch die Bewegung der Anteil des geschmackvolleren Muskelfleischs größer ist. Geflügelfleisch aus Massentierhaltung wird zwar auch auf Muskelaufbau getrimmt, um den begehrten Brustfleischanteil zu erhöhen. Jedoch hat dies zuweilen negative Auswirkungen auf die Tiere und führt in den schlimmsten Fällen zu solchen Auswüchsen, dass die Tiere dieses Gewicht kaum noch tragen können.

Die meisten Geflügelarten unterscheiden sich kaum in ihrer Anatomie, darum ähnelt sich auch die Zerlegung der Tiere in die einzelnen Teile: Die Brust ist der Muskel, der zum Fliegen benötigt wird. Sie trägt etwa ein Viertel zum Gewicht des Vogels bei und besteht aus dem größeren Außenfilet und dem kleineren Innenfilet. Das zarte Brustfleisch ist aufgrund seines geringen Fettgehalts sehr beliebt. Beim Zubereiten ist deshalb aber Vorsicht geboten, da es schnell trocken wird. Das Keulenfleisch ist bei Tieren, die nicht oder nur wenig fliegen können, viel schmackhafter als das Brustfleisch. Durch das Laufen entwickeln sich zahlreiche kleinere Muskeln, die durch feine Fettschichten voneinander getrennt sind. Das Fleisch ist aufgrund seines höheren Myoglobinanteils dunkler. Der untere Teil der Hähnchenkeule ist als Drumstick bekannt.

Die Flügel spielen unter dem Aspekt der Fleischausbeute betrachtet eine untergeordnete Rolle. Sie sind meist Teil des Geflügelkleins. Hähnchenflügel oder Chicken Wings sind allerdings ein Klassiker vom Grill.

GLASIERTE HÄHNCHENSTEAKS

FÜR 4 PERSONEN ALS HAUPTGERICHT
ZUBEREITUNG: 30 MINUTEN
SCHWIERIGKEIT: ✪✪✩

4 Hähnchenkeulen
Salz
8 Scheiben Bacon
1 EL Sesam

FÜR DIE GLASUR
4 EL süße Chilisauce
4 EL Orangensaft
abgeriebene Schale von
 1 unbehandelten Orange
3 EL Mirin (japanischer Reiswein)
1 EL Sojasauce
2 EL Hoisinsauce
2 Spritzer Tabasco

1. Die Hähnchenkeulen auf der Innenseite am Knochen entlang aufschneiden und die Knochen entfernen. Das Fleisch von beiden Seiten leicht salzen. Sämtliche Zutaten für die Glasur miteinander verrühren und warm stellen.

2. Das Fleisch etwa 20 Minuten bei 150 °C indirekt grillen. Dann weitere 15 Minuten bei mittlerer Hitze direkt grillen, dabei mehrmals mit der Glasur bepinseln. Den Bacon ebenfalls bei mittlerer Hitze direkt grillen, bis er kross ist.

3. Das Fleisch auf einem Teller anrichten, den Bacon daraufgeben und mit Glasur bestreichen. Zum Abschluss etwas Sesam darüberstreuen.

CHICKEN WINGS

FÜR 4 PERSONEN ALS HAUPTGERICHT
ZUBEREITUNG: 45 MINUTEN
MARINIEREN: 12 STUNDEN
SCHWIERIGKEIT: ✪✪✩

1 l Hühnerbrühe
Tabasco
2 Knoblauchzehen, zerdrückt
Saft von ½ Zitrone
Salz
1 kg Hühnerflügel
100 g Paprikapulver, edelsüß
25 g Currypulver
5 g frisch gemahlener weißer Pfeffer
5 g frisch gemahlener Koriander
20 g Salz
200 ml BBQ-Sauce (siehe Seite 206)
50 ml Cola
3 EL weißer Sesam

1. Am Vortag die Hühnerbrühe, 1 EL Tabasco, den Knoblauch, den Zitronensaft und 2 TL Salz verrühren. Die Hühnerflügel in die Marinade legen und zugedeckt über Nacht im Kühlschrank marinieren.

2. Die Flügel aus der Marinade nehmen und abtupfen. Aus dem Paprika- und Currypulver, dem Pfeffer, dem Koriander und 20 g Salz die Gewürzmischung zubereiten und die Flügel damit einreiben.

3. Den Grill auf 160 °C vorheizen. Die Flügel auf vier Metallspieße stecken und 30 Minuten indirekt grillen. Anschließend weitere 5 Minuten direkt grillen. Während die Flügel indirekt grillen, aus der BBQ-Sauce, Cola und 3–4 Spritzern Tabasco die Glasur anrühren und leicht erwärmen. Die Flügel während der letzten 5 Minuten Grillzeit damit bestreichen. Die Hühnerflügel vom Grill nehmen, in der restlichen Glasur wenden und mit Sesam bestreuen.

GEFÜLLTE HÄHNCHEN-BRUSTFILETS

FÜR 4 PERSONEN ALS HAUPTGERICHT
ZUBEREITUNG: 30 MINUTEN
SCHWIERIGKEIT: ✪✪✩

---

4 Hähnchenbrustfilets
2 EL Grillgewürz
   (z. B. Basic Rub auf Seite 211)
150 g Gorgonzola
2 EL Crème fraîche
1 TL Worcestersauce
1 rote Chilischote
4 Frühlingszwiebeln, geputzt,
   nur der helle Teil
12 Scheiben Frühstücksspeck

1. Die Filets der Länge nach halbieren. Die Innenseite der Filets mit dem Grillgewürz bestreuen.

2. Den Gorgonzola, die Crème fraîche und die Worcestersauce verrühren und die Filets gleichmäßig auf der Innenseite damit bestreichen.

3. Die Chilischote in feine Streifen schneiden – Vorsicht, die Schärfe „haftet" danach noch an den Fingern! Je eine Frühlingszwiebel und 1–2 Chilistreifen in die Filets legen. Die Filethälften entgegengesetzt wieder aufeinanderlegen, sodass sie gleichmäßig dick sind. Jeweils mit drei Scheiben Speck fest umwickeln.

4. Das Fleisch 15–20 Minuten indirekt grillen, bis es durchgegart und der Speck knusprig ist. Zum Anrichten jede Rolle in fingerdicke Scheiben schneiden und auf Holzspieße stechen.

HÄHNCHENSCHENKEL MIT GEGRILLTEM RADICCHIO

FÜR 4 PERSONEN ALS HAUPTGERICHT
ZUBEREITUNG: 30 MINUTEN
MARINIEREN: 1–2 STUNDEN
SCHWIERIGKEIT: ✪✪✩

---

4 Hähnchenoberschenkel, entbeint
8 Frühlingszwiebeln

FÜR DIE MARINADE
1 kleine Knoblauchzehe
3 EL Teriyakisauce
2 EL süße Chilisauce
3 EL Olivenöl
Salz

FÜR DEN GEGRILLTEN RADICCHIO
2 Köpfe Radicchio
1 Knoblauchzehe
1 kleines Bund Thymian
Salz
6 EL Olivenöl
1 EL Balsamico
frisch gemahlener Pfeffer
8 Scheiben durchwachsener Speck

1. Das Fleisch waschen, trocken tupfen und mit einem spitzen Messer seitlich Löcher in das Fleisch stechen. Die Frühlingszwiebeln putzen, waschen, in etwa 2 cm lange Stücke schneiden und diese in die Löcher stecken. Den Knoblauch schälen und durchpressen. Knoblauch, Teriyakisauce, Chilisauce, Olivenöl und eine Prise Salz verrühren. Die Schenkel mit der Marinade bestreichen und zugedeckt 1–2 Stunden marinieren.

2. Das Fleisch von jeder Seite 8–10 Minuten direkt grillen, dabei regelmäßig mit der Marinade bestreichen. Beim Wenden aufpassen, dass die Frühlingszwiebeln nicht herausfallen.

3. Vom Radicchio die äußeren Blätter entfernen, die Köpfe längs so vierteln, dass an jedem Stück etwas Strunk ist und die Blätter noch zusammenhängen. Den Knoblauch schälen und klein schneiden. Die Thymianblätter abzupfen. Knoblauch, Thymian und eine Prise Salz im Mörser fein zerreiben. Die Paste mit dem Olivenöl und dem Balsamico verrühren, etwas pfeffern und dann so über den Radicchio träufeln, dass sie auch zwischen die Blätter läuft; etwa 1 EL Paste zurückbehalten.

4. Jedes Radicchioviertel mit einer Scheibe Speck umwickeln und diese mit einem Zahnstocher fixieren. Den Strunk nicht einwickeln, damit er beim Grillen der vollen Hitze ausgesetzt ist und gart. Die zarten Blätter werden dagegen durch den Speck geschützt und bekommen so ein schönes Aroma. Jedes Päckchen noch mit ein wenig Olivenölpaste beträufeln und 20 Minuten indirekt bei 150 °C grillen, bis der Radicchio weich und der Speck schön knusprig ist.

ESTRAGONHÄHNCHEN MIT KÜRBIS

FÜR 4 PERSONEN ALS HAUPTGERICHT
ZUBEREITUNG: 1 STUNDE
MARINIEREN UND WÄSSERN: 9 STUNDEN
TROCKNEN: 12 STUNDEN
SCHWIERIGKEIT: ✖✖✖

---

1 Hähnchen
1 Butternusskürbis
Salz
1 Prise frisch geriebene Muskatnuss

FÜR DIE WÜRZMISCHUNG

Saft und Schale von
   1 unbehandelten Zitrone
1 EL Estragon, fein geschnitten
100 g weiche Butter
1 TL Paprikapulver, edelsüß
1 Prise Zucker
Salz, frisch gemahlener Pfeffer

AUSSERDEM

2 l achtprozentige Salzlake

1. Das Hähnchen auf den Bauch legen, mit einer Geflügelschere beidseits des Rückgrats aufschneiden und das Rückgrat entfernen. Das Tier mit Druck spreizen und das Brustbein entfernen. Das Hähnchen für etwa 8 Stunden (nicht länger!) in die Salzlake legen. Diesen Vorgang nennt man Brining. Anschließend das Fleisch 1 Stunde in kaltem Wasser wässern, dabei das Wasser zweimal wechseln.

2. Das Hähnchen aus dem Wasser nehmen. Die Flügelspitzen und überstehende Haut entfernen. Das Hähnchen abwechselnd jeweils zweimal für 40 Sekunden in kochendes und für 2 Minuten in Eiswasser legen. Dann vorsichtig mit den Händen unter die Geflügelhaut fahren und diese so weit wie möglich vom Fleisch lösen, ohne sie zu beschädigen.

3. Das Hähnchen abtupfen, auf einen Gitterrost legen, mit Küchenpapier abdecken und über Nacht kalt stellen, damit die Haut komplett abtrocknet.

4. Am nächsten Tag das Gabelbein – das Halsende des Vogels – entfernen. Alle Zutaten für die Würzmischung verrühren. Die Würzmischung unter die gelöste Haut des Hähnchens schieben und mit einem Löffelstiel verteilen, den Rest warm stellen. Den Vogel für etwa 30 Minuten bei 150 °C mit der Hautseite nach oben indirekt auf den Grill legen, bis das Brustfleisch eine Kerntemperatur von 60 °C hat. Dann die Temperatur auf mindestens auf 200 °C erhöhen und 5–10 Minuten weitergrillen, bis die Haut knusprig ist. Während des Grillens mit der Würzmischung bestreichen.

5. Inzwischen den Kürbis schälen, halbieren, von den Kernen und Fasern befreien und in 2 cm dicke Scheiben schneiden. Mit etwas Salz und einer Prise Muskatnuss würzen. Den Kürbis indirekt grillen und während des Garens ebenfalls mit der Würzmischung bestreichen.

HÄHNCHEN-FOCACCIA

FÜR 4 PERSONEN ALS HAUPTGERICHT
ZUBEREITUNG: 30 MINUTEN
SCHWIERIGKEIT: ● ● ○

4 Hähnchenoberschenkel, entbeint
Salz
1 Romanasalat
4 Scheiben Schwarzwälder-
   oder Parmaschinken
8 Kirschtomaten
100 g Mayonnaise
abgeriebene Schale von
   1 unbehandelten Zitrone
frisch gemahlener Pfeffer
1 TL Paprikapulver, edelsüß
1 Focaccia (Fladenbrot)

1. Die Hähnchenschenkel leicht salzen und für 5 Minuten beiseitestellen. Den Salat waschen, trocken schütteln und in Stücke zupfen.

2. Die Hähnchenschenkel trocken tupfen und unter mehrfachem Wenden 10 Minuten bei 180 °C direkt grillen. Dann das Fleisch in Scheiben schneiden. Parallel die Schinkenscheiben auf dem Warmhalterost des Grills trocknen, damit sie knusprig werden.

3. Die Kirschtomaten halbieren, das weiche Innere aus den Tomaten in die Mayonnaise drücken, das Fruchtfleisch in feine Streifen schneiden. Die Zitronenschale unter die Mayonnaise rühren und diese mit Salz, Pfeffer und dem Paprikapulver würzen.

4. Das Brot portionsweise aufschneiden und dünn mit der Mayonnaise bestreichen. Den Salat und die Tomatenstreifen darauf anrichten und mit Hähnchenscheiben belegen. Die restliche Mayonnaise auf das Fleisch träufeln und mit den Schinkenchips garnieren.

Der Robata-Grill ist eine Grillvariante aus Japan, bei der über extrem heißer Glut von Steineichen-Kohle kleine Spieße aus verschiedenen Fleischsorten und Fisch gegrillt werden. Wir nutzen für die Zubereitung die Sizzle Zone von Napoleon, die etwa 900 °C erreicht.

FÜR 4 PERSONEN ALS HAUPTGERICHT
ZUBEREITUNG: JE VARIANTE 20 MINUTEN
SCHWIERIGKEIT: ✪✪✪

ROBATA-GRILL

RINDFLEISCHSPIESSE

500 g Roastbeef
60 ml Sojasauce
40 ml Sesamöl
50 ml Sake
1–2 Msp. Five Spices
   (Gewürzmischung)
Saft von ½ Limette
Salz

1. Für die Marinade Sojasauce, Sesamöl, Sake, Gewürzmischung, Limettensaft und 1 Prise Salz verrühren. Das Fleisch in 2–3 cm breite, gleichmäßige Streifen schneiden, leicht salzen, unter die Marinade mengen und dann zum Marinieren für 4 Stunden in den Kühlschrank stellen.

2. Die Streifen aus der Marinade nehmen, abtupfen und wie im Yakitori-Rezept beschrieben grillen.

BURI TERIYAKI

500 g Thunfisch
Salz
½ TL Wasabi
5 EL Teriyakisauce
2 EL Sesamöl
2 EL frisch gehacktes Koriandergrün
2 TL weißer Sesam, geröstet

1. Den Thunfisch in 2–3 cm breite, gleichmäßige Streifen schneiden und leicht salzen; 10 Minuten ziehen lassen. Den Wasabi unter die Teriyakisauce rühren.

2. Den Fisch mit dem Sesamöl einreiben und sehr heiß grillen. Zum Garnieren mit dem Koriandergrün und Sesam bestreuen und mit der Wasabi-Teriyakisauce-Mischung servieren.

YAKITORI

4 Hähnchenoberschenkel, entbeint
1 Bund Frühlingszwiebeln

FÜR DIE MARINADE

3 EL Mirin (japanischer Reiswein)
2 EL Sake
2 EL Puderzucker
1 TL fein geschnittener Ingwer
1 Knoblauchzehe, durchgepresst
3 EL Sojasauce

1. Die Zutaten für die Marinade in einem Topf verrühren und kurz aufkochen lassen, sodass der Zucker komplett schmilzt; abkühlen lassen. Das Hähnchenfleisch in 3 x 3 cm große Stücke schneiden. Die Hälfte der Marinade in eine Schüssel geben, das Fleisch untermengen und etwa 4 Stunden marinieren.

2. Die Frühlingszwiebeln putzen und in 3–4 cm lange Stücke schneiden. Das Fleisch mit Küchenpapier trocken tupfen und abwechselnd mit den Zwiebeln auf Spieße stecken. Die Spieße direkt bei hoher Temperatur unter mehrmaligem Wenden etwa 8 Minuten grillen. Kurz vor Ende der Garzeit mit der restlichen Marinade bestreichen und diese karamellisieren lassen.

FISCH & MEERESFRÜCHTE

Fisch und Meeresfrüchte vom Grill sind heutzutage keine Seltenheit mehr und gehören zum festen Repertoire eines anspruchsvollen Grillers. Leider habe ich aber bislang selten erstklassig zubereiteten Fisch vom Grill angeboten bekommen. Meist war er total übergart – eigentlich zartes, saftiges Fischfilet wurde trocken, und Textur von Garnelen und Jakobsmuscheln wurde gummiartig und zäh. Warum ist das so? In erster Linie liegt es wohl daran, dass Fisch eine andere Proteinstruktur hat als Fleisch – und das wird bei der Zubereitung oft nicht berücksichtigt. Bei Grillpartys kommen Fisch und Fleisch in der Regel gleichzeitig auf den Grill und werden bei gleicher Hitze gleich lang gegrillt. Am Ende ist der Grillmeister in den meisten Fällen schon zufrieden, wenn der Fisch, falls er im Ganzen gegrillt wurde, noch als solcher zu erkennen ist. Denn oft bleibt er am Rost kleben oder fällt beim Wenden auseinander. Für einen optimal zubereiteten Fisch sollte man sowohl Garzeit als auch Temperatur – im Vergleich zu einem Stück Fleisch ähnlicher Größe – deutlich reduzieren.

STÖR

MAKRELE

LACHS

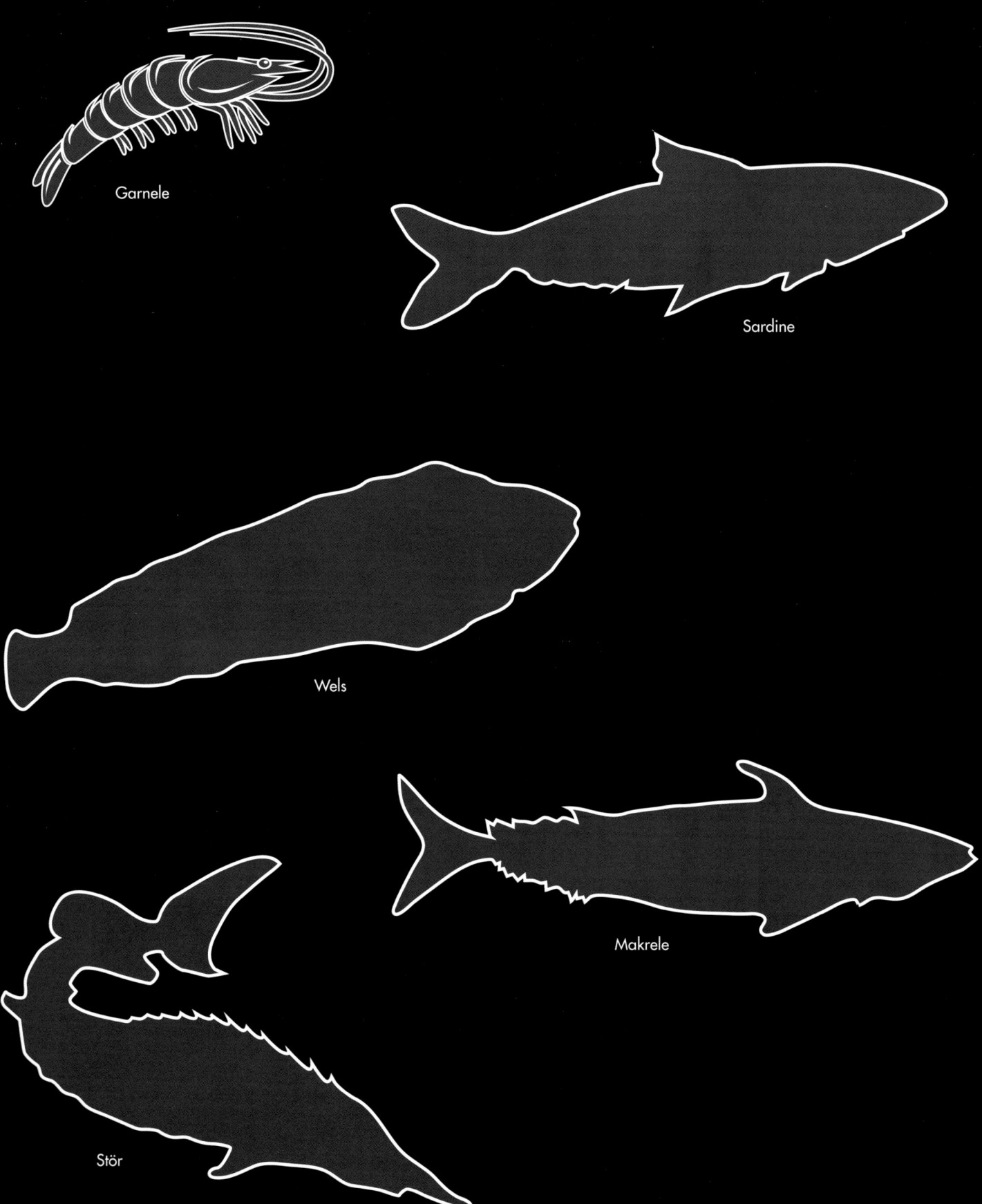

AUS DEM WASSER

Für Fische und Meeresfrüchte gibt es auf dem Grill die verschiedensten Zubereitungsarten: auf dem Räucherbrett, auf der Salzplanke, als Steckerlfisch, hängend geräuchert, am Spieß, in Folie gegart, in Heu gesmoked, als Filet oder – bei größeren Fischen wie Lachs oder Stör – im Ganzen gegrillt.

Insbesondere bei diesen empfindlichen Tieren spielt der Zusammenklang von Zeit und Temperatur eine entscheidende Rolle, um einen saftigen, zarten, geschmackvollen und auf den Punkt gegarten Fisch auf den Teller zu bekommen. Die eigene Erfahrung und Gespräche mit Kollegen sind dabei die besten Lehrmeister.

DAS AROMA

Auch hinsichtlich seines Aromenspektrums hat das Thema viel zu bieten. So unterscheidet man beispielsweise die Gruppe der fettreichen Fische wie Makrele, Sardinen und Lachs von der der magereren, weißfleischigen wie Kabeljau, Seezunge und Seeteufel.

Die fettreichen Fische sind geschmacksintensiver. Hier gibt es ganz klassische Aromen-Kombinationen wie Makrele und Meerrettich, Lachs und Gurke oder auch Forelle und Brunnenkresse. Stets verleiht die Beilage hier eine gewisse Leichtigkeit und bietet zudem einen Kontrapunkt. Im asiatischen Raum setzt man dazu gerne Koriandergrün und Limettensaft ein. Salzige Komponenten wie Kapern und Schinken unterstreichen dagegen das leicht süßliche Aroma der fettreichen Fische.

Weißfleischiger Fisch ist in der Regel nicht so geschmacksintensiv wie seine fetten Kollegen und wird daher gerne durch die Zugabe von aromatischen Zutaten wie Dill, Anis oder Estragon, einer Sauce und etwas Butter oder klassisch, wie bei der Finkenwerder Scholle, mit Speck unterstützt.

DER EINKAUF

Auch Fisch sollte saisonal eingekauft werden. So wie Tomaten die Sommersonne benötigen, um ihren vollen Geschmack und das ganze Aromenspektrum zu entwickeln, sollte man auch Fische nicht außerhalb ihrer Saison fangen. Zum einen gibt es hier ganz handfeste Gründe wie den Artenschutz, aber eine Maischolle ist eben nun mal bis April mager und voller Rogen. Nach dem Ablaichen muss sich die Scholle erst einmal erholen und so richtig schmackhaft ist sie im Spätsommer nach den nahrungsreichen Monaten.

Tipp: Besuchen Sie einen Grillkurs speziell für Fisch und Meeresfrüchte. Dort lernen Sie unter professioneller Anleitung den richtigen Umgang mit Fisch rund um den Grill und bekommen zudem noch viele Tipps und Tricks für zu Hause. Die Kurse werden deutschlandweit angeboten.

KRÄUTER-FENCHEL-MAKRELE

FÜR 4 PERSONEN ALS HAUPTGERICHT
ZUBEREITUNG: 45 MINUTEN
SCHWIERIGKEIT: ●●○

---

1 Bund Minze
1 Bund glatte Petersilie
2 Knollen Fenchel
Olivenöl
4 Makrelen, küchenfertig vorbereitet
Salz, frisch gemahlener Pfeffer
1 Zitrone
2 Auberginen
2 Knoblauchzehen
2 Zweige Rosmarin

1. Die Minze und die Petersilie klein schneiden. Den Fenchel putzen und vom Strunk befreien. Das Fenchelgrün abschneiden und aufbewahren. Die Knollen fein hobeln. Den gehobelten Fenchel, die Kräuter und 1 EL Olivenöl vermischen.

2. Die Fische von innen leicht salzen und pfeffern und dann mit der Kräuter-Fenchelmischung prall füllen, sodass sie aufrecht stehen können, zur Not mit zerknüllter Alufolie nachhelfen.

3. Die Fische auf den Grill setzen oder alternativ, wie im Bild, in einen gut gefetteten Fischgrillkorb klemmen – dann müssen sie nicht so prall gefüllt sein – und etwa 25 Minuten bei 150 °C indirekt grillen; anschließend von außen mit Öl einreiben und direkt 1 Minute pro Seite grillen, um Röstaromen auf die Haut zu bringen. Die Zitrone halbieren und die Schnittflächen direkt grillen, bis sie braun sind.

4. In der Zwischenzeit die Auberginen längs halbieren. Den Knoblauch schälen und die Zehen ebenfalls der Länge nach halbieren. Die Schnittflächen der Auberginen mit den Knoblauchhälften und Rosmarinnadeln spicken. Jede Hälfte mit 2 EL Olivenöl übergießen und 30 Minuten indirekt mitgrillen. Das weiche Auberginenfleisch aus der Schale kratzen und pürieren; mit Salz und Pfeffer abschmecken.

5. Das Auberginenpüree auf vier Teller verteilen, die Fische filetieren, leicht salzen, mit dem warmen Zitronensaft beträufeln, neben dem Püree anrichten und mit dem Fenchelgrün garnieren.

SARDINEN MAROKKANISCH

FÜR 2 PERSONEN ALS HAUPTGERICHT
ZUBEREITUNG: 30 MINUTEN
MARINIEREN: 30 MINUTEN
SCHWIERIGKEIT: ✪✪✫

---

6 Sardinen, küchenfertig vorbereitet
1 Zitrone

FÜR DIE MARINADE
12 Sardellenfilets in Öl, abgetropft
5 Knoblauchzehen
2 TL Kapern, abgetropft
je 1 Prise Salz, Pfeffer, Kreuzkümmel, Cayennepfeffer
¼ Bund Koriandergrün, Blätter abgezupft
¼ Bund glatte Petersilie, Blätter abgezupft
etwas Olivenöl

1. Alle Zutaten für die Marinade nacheinander im Mörser zerreiben und so zu einer Paste verarbeiten. Die Sardinen mit einem Viertel der Paste einreiben und 30 Minuten marinieren.

2. Die Fische aus der Marinade nehmen, abtupfen und indirekt 15–20 Minuten bei etwa 150 °C grillen, dabei zweimal wenden. Dann 1 Minute pro Seite direkt grillen, sodass die Haut Blasen wirft. Die Zitrone halbieren und mit den Schnittflächen auf den Grill legen.

3. Den Fisch vom Grill nehmen und mit dem warmen Zitronensaft beträufeln. Die restliche Marinade als Dip dazu servieren.

WELSFILET
MIT FENCHEL

FÜR 4 PERSONEN ALS HAUPTGERICHT
ZUBEREITUNG: 30 MINUTEN
SCHWIERIGKEIT: ✪✪✪

---

2 Knollen Fenchel mit Grün
Salz
3 EL Olivenöl
1 Zitrone
1 EL süße Chilisauce
4 Welsfilets à 200–250 g
frisch gemahlener Pfeffer

1. Die harten Außenblätter der Fenchelknollen entfernen, das Fenchelgrün beiseitelegen. Die Knollen in 1–2 cm dicke Scheiben schneiden; leicht salzen und mit etwas Olivenöl bestreichen. Das Gemüse von beiden Seiten 5 Minuten direkt bei mäßiger Hitze grillen, bis sich leichte Röststellen bilden. Dann auf die indirekte Zone des Grills legen und etwa 20 Minuten bei 120 °C weitergaren.

2. Das Fenchelgrün klein schneiden. Den Saft der Zitrone, die Chilisauce, das Fenchelgrün und das restliche Olivenöl in einer Aluschale auf dem Grill erwärmen. Die Welsfilets etwa 8 Minuten bei mittlerer Hitze direkt grillen, dabei viermal wenden.

3. Zum Servieren die Welsfilets auf den Fenchelscheiben anrichten. Beides mit Salz und Pfeffer würzen, mit der warmen Sauce beträufeln und mit Fenchelgrün bestreuen.

STÖR MIT ROTE-BETE-SPAGHETTI

FÜR 8–10 PERSONEN ALS HAUPTGERICHT
ZUBEREITUNG: 1 STUNDE
SCHWIERIGKEIT: ✪✪✩

---

1 Stör/Sterlet von 1,5–2 kg
   (küchenfertig; aus Zucht)
5 Kohlrabi
500 ml Rote-Bete-Saft
Salz, frisch gemahlener Pfeffer
3 EL Olivenöl
50 g Kaviar

FÜR DIE KRÄUTERBUTTER
100 g Butter
1 TL Wasabipaste
abgeriebene Schale von
   1 unbehandelten Zitrone
1 TL fein geschnittener Estragon
Fleur de Sel
frisch gemahlener schwarzer Pfeffer

1. Für die Kräuterbutter die Butter mit der Wasabipaste, der Zitronenschale und dem Estragon verrühren und dann mit Fleur de Sel und Pfeffer abschmecken; beiseitestellen.

2. Den Bauchraum des Fischs mit Alufolie ausstopfen und den Fisch auf ein Räucherbrett setzen. Haben Sie idealerweise einen Gasgrill mit drei Brennern, bei diesem den mittleren Brenner starten und den Grill auf 150 °C heizen. Den Stör auf dem Brett auf den Brenner setzen und 30–40 Minuten grillen.

3. In der Zwischenzeit die Kohlrabi schälen und mit einem Spiralschneider zu Spaghetti schneiden. Die Kohlrabi-Spaghetti in eine Schüssel geben, den Rote-Bete-Saft darübergießen und untermengen, bis der Kohlrabi tiefrot ist. Den Saft abgießen, das Gemüse salzen, pfeffern und mit dem Olivenöl vermengen.

4. Die Kohlrabi-Spaghetti in eine Aluschale geben und zu dem Stör auf den Grill stellen. Die Kräuterbutter ebenfalls in eine Aluschale geben und auf dem Grill schmelzen lassen.

5. Den gegarten Stör vom Grill nehmen. Die Haut vorsichtig abziehen, den Fisch filetieren. Die Kohlrabi-Spaghetti auf Teller geben, je ein Stück Fisch darauf anrichten und mit der warmen Butter übergießen. Mit je ½ TL Kaviar garnieren.

SAIBLING-SANDWICH

FÜR 4 PERSONEN ALS HAUPTGERICHT
ZUBEREITUNG: 45 MINUTEN
SCHWIERIGKEIT: ✪✪✪

---

4 Saiblingfilets mit Haut
Salz
Pflanzenöl
1 Bund Dill
400 g Frischkäse
3 EL körniger Dijonsenf
2 TL Zuckerrübensirup
Cayennepfeffer
Saft und abgeriebene Schale von
    1 unbehandelten Zitrone
2 Minigurken
1 Prise Zucker
2 Frühlingszwiebeln
1 rote Zwiebel
1 Baguette

1. Die Filets auf der Innenseite salzen, von außen mit Öl einreiben und mit der geölten Hautseite auf ein Räucherbrett legen. Das Brett auf den Grill setzen und direkt bei hoher Temperatur erhitzen. Sobald es anfängt zu rauchen, die Temperatur drosseln und den Grilldeckel schließen. Den Fisch 15 Minuten auf direkter Hitze bei etwa 150 °C garen.

2. In der Zwischenzeit den Dill grob hacken. Frischkäse, Senf, Zuckerrübensirup und Dill verrühren. Mit Salz, Cayennepfeffer und der Zitronenschale abschmecken.

3. Die Gurken längs in dünne Scheiben schneiden, mit je einer Prise Zucker und Salz sowie 1 EL Zitronensaft vermischen und etwa 10 Minuten marinieren. Inzwischen die Frühlingszwiebeln putzen und schräg in feine Ringe schneiden, die rote Zwiebel schälen und fein würfeln, beides mischen.

4. Das Baguette der Länge nach halbieren und die Schnittflächen mit dem Frischkäse bestreichen. Die Gurken auf dem Baguette verteilen.

5. Den Fisch vom Grill nehmen und das Fleisch von der Haut lösen. Die Haut nach Belieben bei großer Hitze knusprig grillen. Den Fisch gleichmäßig auf dem Baguette verteilen und die Zwiebeln darübergeben. Das Baguette in vier Stücke schneiden und nach Belieben mit der knusprigen Haut garnieren.

PULLED ROTBARSCH

FÜR 4 PERSONEN ALS ZWISCHENGANG
ZUBEREITUNG: 30 MINUTEN
SCHWIERIGKEIT: ✪✪✩

---

100 ml Teriyakisauce
1 TL Tafelmeerrettich
4 Rotbarschfilets (etwa 400 g)
2 Limetten
2 Tomaten
1 rote Zwiebel
1 rote Chilischote
2 EL Olivenöl
Salz
1 Prise Zucker
200 g frisches Sauerkraut,
　raumtemperiert
2 Frühlingszwiebeln,
　in feine Ringe geschnitten

1. Die Teriyakisauce mit dem Meerrettich in einer Schüssel verrühren. Die Filets in der Sauce wenden und auf die Zedernholzplanke legen. Den Fisch mitsamt Brett auf den Grill legen und direkt bei hoher Temperatur erhitzen. Sobald das Brett anfängt zu rauchen, die Temperatur drosseln und den Deckel auflegen. Den Fisch etwa 15 Minuten auf direkter Hitze bei etwa 150 °C garen. Die Limetten halbieren und mit der Schnittfläche grillen, bis sie weich sind, so erwärmt sich der Saft und wird süßlich.

2. In der Zwischenzeit die Tomaten klein würfeln. Die Zwiebel schälen und in feine Streifen schneiden. Die Chilischote in sehr feine Würfel schneiden. Diese Zutaten mit dem Olivenöl in eine Aluschale geben, den Limettensaft darüber ausdrücken und die Mischung mit Salz und einer Prise Zucker abschmecken. Alles gut verrühren und die Schale auf dem Grill warm stellen.

3. Das Sauerkraut gleichmäßig auf vier Teller verteilen, den Fisch zerpflücken – „pullen" –, auf das Kraut geben und die Tomaten-Zwiebel-Salsa darüber verteilen. Mit Frühlingszwiebelringen garnieren und servieren.

FISCH & MEERESFRÜCHTE

ITALIAN FRENCH-TOAST

FÜR 4 PERSONEN ALS VORSPEISE
ZUBEREITUNG: 30 MINUTEN
SCHWIERIGKEIT: ✪✪✫

---

200 ml Milch
3 Eier
Salz
8 Scheiben Toastbrot
1 Tomate
frisch gemahlener Pfeffer
3 Kugeln Mozzarella
24 Sardellenfilets in Öl, abgetropft
20 Basilikumblätter
Balsamico

1. Die Milch, zwei Eier und ein Eigelb in einer flachen Schüssel verquirlen, leicht salzen. Die Toastbrote nacheinander darin wenden, sodass sie sich vollsaugen können.

2. Die Tomate in kleine Würfel schneiden, salzen und pfeffern. Den Mozzarella in dünne Scheiben schneiden.

3. Vier Scheiben Toast mit dem Mozzarella belegen. Jeweils sechs Sardellenfilets, fünf Basilikumblätter und die Tomatenstücke daraufgeben. Mit einer weiteren Scheibe Toast abdecken und diese leicht andrücken.

4. Die Toasts etwa 15 Minuten bei 180 °C indirekt grillen, bis der Käse zerlaufen ist. Während des Grillens den French-Toast von oben mehrmals mit einem Spatel flach drücken. Abschließend die Toasts noch 5 Minuten direkt grillen, dabei zweimal wenden, sodass sie von außen braun werden.

5. Die Toasts schräg halbieren und vor dem Servieren mit ein paar Tropfen Balsamico beträufeln.

FORELLE
AUF MANGOLD

FÜR 4 PERSONEN ALS ZWISCHENGANG
ZUBEREITUNG: 45 MINUTEN
SCHWIERIGKEIT: ★★☆

---

10 dünne Stangen Mangold
4 Schalotten
Olivenöl
1 EL Butter
1 EL Rotweinessig
2 TL brauner Zucker
Salz, frisch gemahlener Pfeffer
2 Forellen, küchenfertig vorbereitet
abgeriebene Schale von
   1 unbehandelten Zitrone
5 Zweige Thymian, Blätter abgezupft

1. Vom Mangold die Blätter entfernen und anderweitig verwenden. Die Stiele putzen, gründlich waschen und in 10–12 cm lange Stücke schneiden. Die Schalotten schälen und würfeln.

2. Die Schalotten in einer Aluschale auf dem Grill in 2 EL Olivenöl anschwitzen. Nach 5 Minuten den Mangold und die Butter dazugeben. Die Schale abdecken und den Mangold bei geringer Hitze dünsten, bis er weich ist. Das Gemüse mit dem Rotweinessig, dem Zucker, Salz und Pfeffer abschmecken.

3. Die Forellen von außen und innen salzen. Den Bauchraum der Fische mit etwas Zitronenschale, Pfeffer und Thymian würzen. Einen Grillspieß vor dem Anheizen am Rost fixieren. Den Grill auf 180 °C vorheizen.

4. Die Fische wie beim Steckerlfisch auf Spieße stecken und 15–20 Minuten bei geschlossenem Deckel grillen, bis sich die Rückenflosse ohne Widerstand herausziehen lässt. Die Forellen vom Spieß nehmen und von beiden Seite noch mal leicht direkt grillen, damit die Haut kross wird.

5. Den Mangold auf vier Teller verteilen. Die Fische vom Spieß nehmen und auf dem Mangold anrichten. Wer möchte, kann die Haut vom Fisch abziehen und diese separat noch mal grillen, bis sie richtig kross ist.

Bei diesem Gericht glänzen die Mangoldstiele, die häufig klein geschnitten ein Schattendasein führen oder gar weggeworfen werden.

GARNELEN-TOASTIES

FÜR 4 PERSONEN ALS HAUPTGERICHT
ZUBEREITUNG: 25 MINUTEN
SCHWIERIGKEIT: ✦✦✧

---

4 Vollkorn-Toasties
1–2 EL Mayonnaise
12 große Garnelen
1 EL Butter
Saft von 1 Zitrone
2 EL Selleriesalz
2 EL Oregano
1 Knoblauchzehe, zerdrückt
1 EL Salz
½ TL frisch gemahlener
   schwarzer Pfeffer
½ Banane
1 EL fein geriebener Parmesan
10 Blätter Basilikum
15 Blätter Brunnenkresse

1. Die Toasties aufschneiden, dünn mit Mayonnaise bestreichen und angrillen, damit sie warm und weich werden. Die Salzplanke auf den Grill legen und den Grill auf 180 °C vorheizen.

2. Von den Garnelen den Panzer und Darm entfernen. Die Garnelen der Länge nach halbieren und waschen.

3. Die Butter, den Zitronensaft, das Selleriesalz, den Oregano, den Knoblauch, das Salz und den Pfeffer in einem Topf auf dem Grill vermischen, bis die Butter geschmolzen ist. Die halbe Banane fein würfeln und auf den unteren vier Toastiehälften verteilen.

4. Die Garnelen auf einer Salzplanke etwa 5 Minuten unter mehrmaligem Wenden grillen. Dann sechs halbe Garnelen auf jedem Toastie verteilen. Die gewürzte Butter über die Garnelen träufeln, den Parmesan darüberstreuen und mit den Basilikumblättern und der Brunnenkresse belegen. Die oberen Toastieshälften auflegen.

GRÜNE MUSCHELN

FÜR 4 PERSONEN ALS VORSPEISE
ZUBEREITUNG: 10 MINUTEN
SCHWIERIGKEIT: ★☆☆

---

12 Grüne Muscheln
½ Chilischote
1 Limette
2 EL Olivenöl
1 Msp. Senf
1 TL Sojasauce
1 Bund Koriandergrün

1. Die Muscheln etwa 5 Minuten bei 150 °C indirekt grillen, danach öffnen.

2. Inzwischen die Chilischote in feine Würfel schneiden, die Limette auspressen. Chili und Limettensaft in einer Schüssel mit dem Olivenöl, dem Senf und der Sojasauce vermischen. Das Koriandergrün klein schneiden.

3. Ein paar Tropfen Würzöl auf jede Muschel geben, die Muscheln mit dem Koriander bestreuen und servieren.

JAKOBSMUSCHEL IM EGERLING

FÜR 4 PERSONEN ALS HAUPTGERICHT
ZUBEREITUNG: 45 MINUTEN
SCHWIERIGKEIT: ✪✪✪

---

4 Jakobsmuscheln
Salz
2 EL Olivenöl
1 Prise gemahlener Koriander
1 Prise gemahlene Fenchelsamen
100 ml Hühnerbrühe
100 g Erbsen (tiefgekühlt), aufgetaut
50 g Butter, zerlassen
frisch gemahlener schwarzer Pfeffer
1 dünne Stange Lauch
2 Schalotten
1 Tomate
1 unbehandelte Zitrone
4 mittelgroße Egerlinge
4 Scheiben Serranoschinken
100 g Queller
Erbsensprossen zum Garnieren (nach Belieben)
Fleur de Sel

1. Die Jakobsmuscheln mit Küchenpapier abtupfen, salzen und 10 Minuten ziehen lassen. Jede Muschel mit etwas Olivenöl beträufeln und dieses verreiben. Die Muscheln von oben mit Koriander und Fenchel würzen. Die Brühe erhitzen. Die Erbsen und 1 EL Butter hineingeben und pürieren; mit Salz und Pfeffer abschmecken und dann warm stellen. In eine Gusspfanne die restliche Butter geben und auf den Seitenbrenner stellen.

2. Den dunkelgrünen Teil und die äußeren beiden Lagen vom Lauch entfernen. Den Rest in feine Ringe schneiden. Die Schalotten schälen und fein würfeln, die Tomate in kleine Stücke schneiden. Alles in die Pfanne geben. Die Zitronenschale abreiben und dazugeben. Das Ganze etwa 5 Minuten braten. Die Zitrone halbieren, mit den Schnittflächen auf den Grill legen und bei mittlerer Hitze direkt grillen, bis sie bräunlich wird. Den Zitronensaft in die Pfanne drücken und diese warm stellen.

3. Die Stiele aus den Egerlingen herausbrechen und in jeden Pilz einen Esslöffel von der Flüssigkeit aus der Pfanne geben. Die Pilze indirekt bei etwa 150 °C grillen, bis sie die Flüssigkeit aufgesogen haben.

4. Den Schinken über drei Stäbe des Warmhalterosts hängen und bei 150 °C trocknen lassen, das dauert etwa 10 Minuten. Die Jakobsmuscheln mit der gewürzten Seite nach oben auf den Grill legen und 5 Minuten indirekt bei 150 °C grillen, dann weitere 5 Minuten direkt grillen, bis sie ein Grillmuster haben; nach 2 Minuten wenden.

5. Den Schinken vom Grill nehmen und wie auf dem Foto auf die Teller stellen. Jeweils einen Pilz in die Mitte setzen und mit 1 EL Erbsenpüree und 1–2 EL Queller füllen. Die Jakobsmuscheln daraufsetzen und mit 1–2 EL Gemüse aus der Pfanne bedecken. Etwas Fleur de Sel und ein paar Tropfen Olivenöl darübergeben und mit Erbsensprossen garnieren.

LACHSROLLE

FÜR 6 PERSONEN ALS HAUPTGERICHT
ZUBEREITUNG: 45 MINUTEN
SCHWIERIGKEIT: ✪✪✩

1 unterer Teil vom Lachsfilet
   mit Bauchlappen
Salz
100 g junger Spinat
1 Birne
100 g Gorgonzola
100 g Crème fraîche

1. Den Lachs leicht salzen. Den Spinat sorgfältig waschen und abtropfen lassen. Die Birne mittelgrob reiben, mit dem Gorgonzola und der Creme fraîche verrühren. Den Lachs auf der Fleischseite damit bestreichen und den Spinat großzügig darauf verteilen. Den Lachs nun von der dicken zur dünnen Seite hin zusammenrollen und mit Küchengarn fixieren.

2. Die Rolle indirekt etwa 30 Minuten bei 150 °C grillen. Dann mit der Hautseite über die direkte Hitze legen, um die Haut noch ein wenig anzurösten und knusprig zu grillen. Die Lachsrolle zwischen dem Garn in Scheiben schneiden und servieren.

GERÄUCHERTES LACHSFILET VOM HEISSEN STEIN

FÜR 6 PERSONEN ALS HAUPTGERICHT
ZUBEREITUNG: 30 MINUTEN
SCHWIERIGKEIT: ✪✪✪

1 oberer Teil vom Lachsfilet
   (oberhalb der Mittelgräte)
Meersalz
100 ml Teriyakisauce
abgeriebene Schale von
   1 unbehandelten Zitrone
2 TL Würzmischung aus frischem Dill,
   Fenchelsamen, Koriander und Pfeffer
   (ersatzweise BBQ-Fisch-Gewürz oder
   das Rub für Fisch auf Seite 211)
1 TL Wasabipaste

ZUBEHÖR
Heu

1. Zwei flache Steine zum Aufheizen für 20 Minuten in den Grill legen. Den Lachs leicht salzen. Als Isolierung des Plastikeinsatzes (siehe Tipp) ein Holzbrett in die Box legen. Darauf eine kleine Gusspfanne stellen, die heißen Steine hineinlegen und darauf etwas Heu geben. Den Lachs mit der Hautseite nach unten auf das Heu legen und den Deckel schließen.

2. Die Teriyakisauce mit der Zitronenschale, der Würzmischung und dem Wasabi gut verrühren. Nach 10 Minuten Grillzeit die Oberseite des Fischs in der Box damit bestreichen. Nach weiteren 15 Minuten die Box öffnen. Mit dem Finger an den Rand des Fischs drücken, wenn die Fleischsegmente nachgeben, ist er fertig.

Die Idee zu diesem Rezept kam mir bei einer Grillparty. Der Grill war schon voll belegt und ein Gast fragte, ob ich ihm ein Stück Lachs zubereiten könne. Nun war meine Kreativität gefragt. Wie gut, dass ich mich schon längere Zeit gefragt habe, ob man nicht auch etwas in der Seitenbox des Grills garen kann … (siehe Seite 21)

FISCH & MEERESFRÜCHTE

VEGETARISCH

Gemüse ist heutzutage nicht mehr vom Grill wegzudenken – ob als geschmackvolle Beilage oder als vegetarischer Hauptgang. Nicht wenige Menschen bevorzugen gegrilltes Gemüse, Pilze oder Salat als herzhafte Mahlzeit und Früchte als Dessert. Da ein Caterer, ein Gastronom und auch der fortschrittliche Griller davon ausgehen müssen, dass bei jeder Veranstaltung auch Vegetarier zu Gast sind, komme auch ich um fleischlose, kreative Kost vom Grill nicht mehr herum – ich rede hier nicht von ein paar Gemüsepäckchen. Seit jeher habe ich ein gespaltenes Verhältnis zu gegartem Gemüse. Schon als Kind war ich ein Fan von frischen Salaten. Für mich schmeckte weich gekochtes Gemüse fad – im Winter konnte man mich mit Wirsing, Lauch, Rosen- und Grünkohl jagen. Da jedoch meine Gäste und Seminarteilnehmer Vegetarisches vom Grill wünschen, war mein Ehrgeiz gepackt. Ich fand heraus: „Der größte Feind von Gemüse ist heißes Wasser." Also versuchte ich, das Gemüse, vor dem ich früher geflüchtet bin, auf dem Grill zuzubereiten. Schließlich entdeckte ich: Vegetarisch grillen ist nicht schwer, man muss sich nur etwas trauen. Dann kann man mit Gemüse und Obst vom Grill so manche kulinarische Überraschung erleben.

AVOCADO

KÜRBIS

MARONI

BLUMENKOHL

FÜR 4 PERSONEN ALS HAUPTGERICHT
ZUBEREITUNG: 45 MINUTEN
SCHWIERIGKEIT: ✪ ✩ ✩

---

1 Blumenkohl
4 frische Knoblauchzehen
2 TL Paprikapulver, edelsüß
½ TL frisch gemahlener weißer Pfeffer
2 EL Butter
1 Bund Petersilie
100 g Walnusskerne
4 Scheiben Gouda
1 EL in feine Fäden geschnittene rote Chilischote

1. Den Blumenkohl waschen und die Blätter abschneiden. Die Knoblauchzehen schälen, der Länge nach vierteln und zwischen die Blumenkohlröschen stecken. Den Blumenkohl mit dem Paprikapulver und dem Pfeffer bestauben und Butterflöckchen darauf setzen.

2. Den Kohl in Alufolie wickeln und für 20 Minuten bei 200 °C indirekt auf den Grill legen.

3. Die Petersilie klein schneiden, die Walnusskerne hacken und beides vermischen. Den Kohl vom Grill nehmen und die Alufolie entfernen. Den Kohl mit den Käsescheiben belegen und weitere 10 Minuten grillen, bis der Käse zerlaufen ist.

4. Den Blumenkohl auf einen Servierteller geben und mit der Walnuss-Petersilie bestreuen. Mit Chilifäden dekorieren.

Statt der Butter kann man – für die Nicht-Vegetarier – 10 Scheiben Lardo oder dünne Speckscheiben auf den Blumenkohl legen.

KÜRBIS-QUESADILLAS

FÜR 8 PERSONEN ALS VORSPEISE
ZUBEREITUNG: 30 MINUTEN
SCHWIERIGKEIT: ★ ☆ ☆

---

1 Butternusskürbis
Salz
3 EL Olivenöl
200 g eingelegte Jalapenos
1 rote Chilischote
4 Tortillas (18 cm Durchmesser)
200 g Cheddar, frisch gerieben

1. Den Kürbis schälen, halbieren, von den Fasern und Kernen befreien, in 1 cm dicke Scheiben schneiden und leicht salzen. Die Scheiben 20 Minuten bei 160 °C indirekt grillen, bis sie weich sind. Den Kürbis mit dem Olivenöl in eine Schüssel geben und mit einer Gabel zerdrücken.

2. Die Jalapenos abtropfen lassen und in 5 mm breite Ringe schneiden. Die Chilischote längs aufschneiden, von den Kernen befreien und fein würfeln; unter die Jalapeno-Ringe mischen.

3. Die Kürbismasse etwa 1 cm dick auf zwei Tortillas verstreichen, die Chili-Mischung darüber verteilen und den Cheddar gleichmäßig daraufstreuen. Die beiden Tortillas mit den beiden verbliebenen belegen und leicht zusammendrücken.

4. Die Quesadillas direkt von jeder Seite 3–5 Minuten grillen, bis der Käse zerlaufen ist. Aufpassen, dass sie nicht schwarz werden.

GEGRILLTE ASIA-AVOCADO

FÜR 4 PERSONEN ALS VORSPEISE
ZUBEREITUNG: 20 MINUTEN
SCHWIERIGKEIT: ✪✪✪

2 Avocados
2 EL Olivenöl
Salz, frisch gemahlener Pfeffer
1 EL Wasabi oder Meerrettich, frisch gerieben (ersatzweise aus dem Glas)

FÜR DIE SAUCE
100 ml dunkle Sojasauce
2 EL Zucker
je 2 EL Zitronen-, Limetten- und Orangensaft, frisch gepresst
1 TL Mirin (japanischer Reiswein)
1 TL Worcestersauce
1 Knoblauchzehe, zerdrückt

1. Sämtliche Zutaten für die Sauce in einer Schüssel gut verrühren.

2. Den Grill auf maximale Hitze vorheizen. Die Avocados der Länge nach rundum bis zum Kern einschneiden, die Hälften voneinander trennen und den Kern entnehmen. Die Schale nach Belieben einritzen und abziehen.

3. Das Fruchtfleisch mit dem Olivenöl einstreichen und mit Salz und Pfeffer würzen. Die Avocados mit der flachen Seite nach unten auf den Grill legen und direkt 3–4 Minuten grillen, bis sie dunkelbraune Streifen haben.

4. Zum Anrichten die Avocados mit der Schnittfläche nach oben legen, Sauce in die Mulde geben und den Rest Sauce sowie Wasabi oder Meerrettich dazu servieren.

AVOCADO MIT KORIANDERVINAIGRETTE

FÜR 4 PERSONEN ALS VORSPEISE
ZUBEREITUNG: 20 MINUTEN
SCHWIERIGKEIT: ✪✪✪

2 Tomaten
1 Bund Koriandergrün
Saft von ½ Zitrone
1 EL Olivenöl
2–3 Spritzer Tabasco
2 TL Zuckerrübensirup
Salz
2 reife Avocados
1 EL Sprossen zum Garnieren

1. Die Tomaten in etwa 0,5 cm große Würfel schneiden, das Koriandergrün fein hacken. Beides mit dem Zitronensaft, dem Öl, dem Tabasco und dem Sirup gut verrühren, mit Salz abschmecken.

2. Die Avocados halbieren, den Kern entfernen, die Schale nach Belieben abziehen. Den Grill auf 200 °C vorheizen.

3. Die Avocados mit der Schnittfläche nach unten etwa 3 Minuten direkt grillen, wenden und nochmals bei geschlossenem Deckel 3–5 Minuten garen. Entnehmen, mit der Vinaigrette beträufeln, mit den Sprossen garnieren und servieren.

GRÜNKOHL-SEITLING-BURGER

FÜR 4 PERSONEN ALS HAUPTGERICHT
ZUBEREITUNG: 45 MINUTEN
SCHWIERIGKEIT: ★★☆

1 rote Zwiebel
200 g Grünkohl
2 Karotten
400 g Kräuterseitlinge
225 g Mayonnaise
120 ml Cidreessig
60 g Zucker
14 g Chiliflocken
30 ml Rapsöl
225 ml BBQ-Sauce (siehe Seite 206)
4 Burger-Brötchen

ZUBEHÖR
250 g Holzchips aus Apfel- oder Kirschholz

1. Den Grill auf 280°C vorheizen. Die Zwiebel schälen. Den Grünkohl und die Zwiebel in sehr feine Streifen schneiden. Die Karotten schälen und fein hobeln. Die Pilze putzen.

2. 250 g Holzchips aus Apfel- oder Kirschholz in Wasser einweichen. Die eingeweichten Holzchips in die Räucherpfeife geben und dort auf den Grill stellen, wo er am heißesten ist. Bei einem Holzkohlegrill werden die Holzchips direkt auf die Kohlen gelegt. Die Holzchips 15 Minuten im Grill erhitzen, bis sie rauchen.

3. Die Pilze auf den Grill legen und 20 Minuten direkt unter mehrmaligem Wenden grillen, bis sie dunkel, aber nicht angebrannt sind. Die gegrillten Pilze kurz abkühlen lassen und dann mit einer Gabel etwas zerkleinern.

4. In der Zwischenzeit den Kohl, die Karotten und die Zwiebel in eine große Schüssel geben. Die Mayonnaise mit dem Essig, dem Zucker und den Chiliflocken gut verrühren, über den Kohl gießen und sorgfältig untermischen.

5. Das Öl in einer Gusspfanne erhitzen. Die Pilze und die BBQ-Sauce hinzugeben und sautieren, bis die Sauce karamellisiert und die Pilze damit überzogen sind. Die Brötchen aufschneiden und die Schnittflächen etwas angrillen.

6. Die Brötchen vom Grill nehmen, Pilze auf die Unterseite geben, den Kohlsalat darauf anrichten und den Brötchendeckel auflegen.

PIMIENTOS DE PADRÓN VOM KAMIN

FÜR 4 PERSONEN ALS SNACK
ZUBEREITUNG: 20 MINUTEN
SCHWIERIGKEIT: ★☆☆

2 EL Sonnenblumenöl
20 Pimientos de Padrón (Bratpaprika)
Meersalzflocken
2 EL frisch geriebener Parmesan

1. Den Anzündkamin mit Kohle befüllen und entzünden. Sobald die Kohlen zu glühen beginnen, reicht die Hitze, um zu „woken".

2. Einen Wok stark erhitzen und vorsichtig das Öl hineingeben, am besten langsam über den Rand hineinlaufen lassen. Nach 10 Sekunden die Pimientos hinzufügen. Die Paprika 2–3 Minuten garen, bis sie Blasen werfen, dabei den Wok alle 10 Sekunden schwenken. Die Pimientos leicht salzen, nochmal kurz schwenken, auf vier Teller geben und mit dem Parmesan bestreuen.

Jedes Mal, wenn ich den Holzkohlegrill mit dem Kamin beheizte, habe ich mich geärgert, dass die Hitze aus dem Anzündkamin nicht genutzt wird. Also habe ich probiert, auf dem Kamin zu „woken", um schon ein paar kleine Häppchen vorneweg zuzubereiten – und schon war die Idee zu den Pimientos geboren. Natürlich können Sie auch direkt auf dem Grill zubereitet werden.

FETA IM FILOTEIG

FÜR 4 PERSONEN ALS SNACK
ZUBEREITUNG: 30 MINUTEN
SCHWIERIGKEIT: ★☆☆

20 Blätter Minze
100 g Schnittlauch
400 g Feta
frisch gemahlener Pfeffer
4 Blätter Filoteig

1. Die Minze und den Schnittlauch klein schneiden. Den Feta mit einer Gabel zerdrücken, leicht pfeffern und mit den Kräutern gut vermischen.

2. Die Filoteigblätter vierteln. Auf jedes Viertel am unteren Ende jeweils 1–2 EL Kräuterfeta verteilen, den Teig aufrollen und etwa 20 Minuten bei 180 °C auf dem Grill indirekt ausbacken.

VEGETARISCH

KAROTTEN-HOTDOG

FÜR 4 PERSONEN ALS HAUPTGERICHT
ZUBEREITUNG: 30 MINUTEN
SCHWIERIGKEIT: ✪✪✩

---

4 Karotten (von der Größe eines Würstchens, gerne in verschiedenen Farben)
Salz
4 Hotdog-Brötchen
100 g Coleslaw
1 rote Zwiebel (nach Belieben)
2 EL Röstzwiebeln (nach Belieben)

FÜR DEN WÜRZSENF
2 Äpfel
½ TL geriebener Ingwer
2 EL Zuckerrübensirup
2 EL körniger Senf

1. Am Vortag die Karotten schälen, leicht salzen, in einen Gefrierbeutel füllen und tiefkühlen. Am nächsten Morgen die Karotten aus dem Gefrierfach nehmen und bei Raumtemperatur auftauen lassen – sie sollten jetzt weicher sein.

2. Die Äpfel für den Würzsenf fein reiben und mit den anderen Zutaten verrühren.

3. Die Karotten wie Würste direkt grillen, bis sie heiß sind. Die Brötchenhälften auf dem Grill leicht toasten.

4. Den Coleslaw auf den unteren Brötchenhälften verteilen, je eine Wurstkarotte darauflegen und mit Würzsenf bestreichen. Wer mag, kann jeden Hotdog noch mit etwas klein geschnittener roter Zwiebel und Röstzwiebeln krönen. Den Brötchendeckel auflegen und servieren.

Coleslaw, der amerikanische Krautsalat, wird mit einem cremigen Dressing aus Mayonnaise und/oder Joghurt angemacht und ist dadurch saftiger und cremiger als die bei uns übliche Variante.

MARONI

FÜR 8 PERSONEN ALS SNACK
ZUBEREITUNG: 30 MINUTEN
SCHWIERIGKEIT: ✪✧✧

1 kg Maroni

1. Die Maroni auf der runden Oberseite kreuzweise einschneiden und im Grillkorb auf dem Drehspieß vor dem Backburner etwa 30 Minuten rösten.

2. Die fertigen Maroni leicht abkühlen lassen und schälen. Nun kann man sie sofort verzehren oder zu Püree, Suppe oder Gemüse weiterverarbeiten.

CHILI-POPCORN

FÜR 4 PERSONEN ALS SNACK
ZUBEREITUNG: 30 MINUTEN
SCHWIERIGKEIT: ✪✧✧

100 g Popcornmais
100 g Butter
1 TL Paprikapulver, edelsüß
1 Prise Cayennepfeffer
100 g Parmesan, frisch gerieben
Salz

1. Den Popcornmais und die Butter in eine ausreichend große Aluschale geben und mit Alufolie abdecken. Die Schale direkt auf den Grill stellen und warten, bis die Körner aufplatzen; vom Grill nehmen.

2. Die nicht aufgepoppten Körner entfernen und das Popcorn mit den anderen Zutaten vermischen.

DESSERT

Der perfekte Abschluss eines kreativen Menüs vom Grill ist ein leckeres Dessert – ebenfalls vom Grill. Das kann einfach gegrilltes Obst mit einer fruchtigen Sauce oder einem cremigen Dip sein, aber auch eine innovative Kreation, die der Patisserie eines gehobenen Restaurants in nichts nachsteht. Nachhaltigen Eindruck hinterlassen stets Nachspeisen wie eine Variation vom einfachen Stockbrot bis hin zum Kuchen vom Drehspieß – und zwar bei allen Gästen, nicht nur bei den Kindern. Die Hitze auf dem Grill und der dadurch karamellisierende Zucker verwandeln Früchte in hocharomatische Lebensmittel, die man mit zahlreichen Aromen, Kräutern oder Zutaten von A wie Anis, über Minze und Rosmarin, bis hin zu Z wie Ziegenkäse kombinieren kann. Auch die Kombination von heißem Obst mit kaltem Eis ist sehr beliebt. Sogar ich selbst finde es immer wieder faszinierend, wie sich die Konsistenz der Früchte wie beispielsweise die von Wassermelone verändert. Richtig angerichtet sieht sie dann aus wie roher Thunfisch. Auch die Paarung von süßen und herzhaften Elementen wie Banane und Comté sind sehr beliebt und immer wieder interessant.

LOLLYS

MELONE

KUCHEN

APFELKUCHEN

FÜR 4 PERSONEN ALS DESSERT
ZUBEREITUNG: 30 MINUTEN
SCHWIERIGKEIT: ✪✪✪

---

3 Äpfel
10 Eier
150 g Butter
1 Prise Salz
abgeriebene Schale von
   1 unbehandelten Zitrone
1 TL Zimt
1 Vanilleschote, Mark ausgekratzt
180 g Zucker
80 g Mehl
80 g Weizenstärke
40 ml Rum (nach Belieben)

1. Die Äpfel schälen und an den Ober und Unterseiten eine etwa 1 cm dicke Scheibe abschneiden, sodass sie flach aufeinanderpassen.

2. Für den Teig die Eier trennen. Die Butter mit Salz, Zitronenschale, Zimt und Vanillemark verrühren und das Eigelb unterrühren. Das Eiweiß und den Zucker zu einem stabilen Schaum aufschlagen. Das Mehl und die Stärke vermischen und durchsieben. Das Stärkemehl zusammen mit dem Eischnee vorsichtig unter die Butter heben.

3. Die Äpfel rundherum mit etwa 1 cm Abstand mit einem Messer einritzen. Die Äpfel hintereinander auf einen Drehspieß stecken. Darunter eine feuerfeste Schale platzieren. Die Äpfel mit dem vorgeheizten Backburner etwa 5 Minuten grillen, bis sie leicht angetrocknet sind. Dies ist wichtig, damit der Teig besser an ihnen haften bleibt.

4. Die sich drehenden Äpfel mit dem Teig bepinseln und nach jeder Runde den Deckel für etwa 30 Sekunden schließen – überschüssiger Teig tropft in die Auffangschale. Sobald eine Teigschicht leicht braun wird, die nächste Schicht auftragen. So fortfahren, bis eine Art „Apfel-Baumkuchen" entstanden ist.

5. Den Backburner ausschalten und den Kuchen bei geöffneter Haube abkühlen lassen. Den Kuchen vorsichtig vom Spieß schieben und in Scheiben schneiden. Mit Sahne oder Eis servieren.

TRDELNÍK

FÜR 4 PERSONEN ALS DESSERT
ZUBEREITUNG: 2 STUNDEN 10 MINUTEN
SCHWIERIGKEIT: ✪ ✪ ✪

FÜR DEN TEIG
500 g Mehl
30 g frische Hefe
100 ml lauwarme Milch
1 Prise Salz
2 Eier
1 Päckchen Vanillezucker

FÜR DIE GLASUR
100 g flüssige Butter, plus etwas Butter für das Nudelholz
2 EL Zucker
2 EL gemahlene Haselnüsse

1. Das Mehl in eine Schüssel geben und in die Mitte eine Mulde drücken. Zuerst die Hefe in die Mulde krümeln und danach 2–3 EL warme Milch hineingeben. Beides miteinander verrühren, bis sich die Hefe aufgelöst hat. Die Hefe 10 Minuten gehen lassen. Die restlichen Teigzutaten in die Schüssel geben und gründlich unterkneten. Den Teig zugedeckt etwa 1 Stunde gehen lassen, bis er sein Volumen verdoppelt hat.

2. Den gegangenen Teig noch einmal durchkneten, auf der bemehlten Arbeitsfläche 1 cm dick ausrollen und in 3–4 cm breite Streifen schneiden. Von einem Nudelholz die Griffe entfernen und das Nudelholz auf dem Drehspieß fixieren.

3. Das Nudelholz mit etwas flüssiger Butter bestreichen und gleichmäßig mit den Teigstreifen umwickeln. Den Teig noch einmal 30 Minuten gehen lassen. Inzwischen aus der Butter, dem Zucker und den Nüssen die Glasur anrühren.

4. Den Drehspieß mit dem gegangenen Teig in den vorgeheizten Grill hängen und den Teig etwa 15 Minuten bei 180 °C backen. Die Glasur mit einem Pinsel auf den Teig streichen und diesen weitere 10–15 Minuten backen. Damit der Trdelník schön braun und knusprig wird, am Ende den Backburner für 1–2 Minuten dazuschalten. Den Trdelník leicht abkühlen lassen und vorsichtig vom Nudelholz schieben.

Trdelník ist eine Prager Street-Food-Spezialität. Bei uns ist es auch als Baumstriezel bekannt.

OBSTLOLLYS

FÜR 12 PERSONEN ALS DESSERT
ZUBEREITUNG: 30 MINUTEN
SCHWIERIGKEIT: ●●○

FÜR DIE ANANASLOLLYS
1 Dose gezuckerte Kondensmilch (400 g)
200 g Oreokekse, zerstoßen
1 EL in Streifen geschnittene Minze
1 Ananas

FÜR DIE MELONENLOLLYS
100 g Milchreis
1 Prise Zimt
2 Galia-Melonen
Cerealien, beispielsweise Cornflakes

FÜR DIE APFELLOLLYS
1 Glas Nutella
4 Äpfel
100 g Mandelblättchen, leicht geröstet

1. Die ungeöffnete Dose Kondensmilch entweder 2 Stunden in einem Topf mit Wasser – die Dose muss stets mit Wasser bedeckt sein – oder 30 Minuten im Schnellkochtopf kochen. Auf diese Art karamellisiert die Milch. Den Milchreis kurz pürieren und mit Zimt abschmecken. Die Kekse mit der Minze vermischen. Die Nutella im Wasserbad erwärmen.

2. Von den Ober- und Unterseiten der Früchte einen Deckel abschneiden, sodass ein dicker Mittelteil, der etwa so hoch ist wie das Metallstück des Apfelausstechers, übrigbleibt. Die Ananas, falls nötig, einmal quer halbieren.

3. Mit dem Ausstecher Röllchen aus den Früchten stechen und diese mit einem Holzspieß versehen. Die Röllchen direkt bei mittlerer Temperatur grillen, bis sich Röststreifen bilden. Die Spieße in den jeweiligen Dip tunken und mit Keksen, Mandeln oder Cerealien bestreuen.

SÜSSE BURGER MIT WEINBERGPFIRSICH

FÜR 4 PERSONEN ALS DESSERT
ZUBEREITUNG: 1 STUNDE
SCHWIERIGKEIT: ●○○

4 Weinbergpfirsiche
200 g Crème fraîche
2 EL Zucker
100 ml Zitronensaft
3–4 Stängel Minze
3 Päckchen Brausepulver Zitrone
4 Waffeln

1. Die Pfirsiche etwa 30 Minuten bei 150 °C indirekt grillen, bis sie weich sind.

2. Die Crème fraîche mit dem Zucker und dem Zitronensaft gut verrühren. Die Minzeblätter fein schneiden. Ein wenig Minze beiseitelegen und den Rest mit dem Brausepulver unter die Crème fraîche heben. So entsteht nach etwa 10 Minuten ein Schaum.

3. Die Waffeln auf Pfirsichdurchmesser zuschneiden. Die Kerne aus den Pfirsichen herausschneiden und die Früchte auf die Waffeln legen. Die schaumige Crème fraîche und die restliche Minze darübergeben.

MELONEN-CARPACCIO

FÜR 4 PERSONEN ALS DESSERT
ZUBEREITUNG: 1 STUNDE 15 MINUTEN
SCHWIERIGKEIT: ✪✪✩

1 Wassermelone
abgeriebene Schale von
   1 unbehandelten Zitrone
1 Päckchen Brausepulver Zitrone

1. Aus der Melone zwölf Stücke mit 10 cm Länge, 4 cm Breite und 2 cm Höhe schneiden und diese etwa 45 Minuten bei 130 °C indirekt grillen. So trocknet die Melone ein wenig aus und bekommt einen fleischigen Charakter. Um das Ergebnis noch zu verbessern, kann man die Melonenstücke am Vortag einfrieren, im Kühlschrank wieder langsam auftauen lassen und dann erst grillen.

2. Die Stücke abkühlen lassen, in möglichst dünne Scheiben schneiden und auf einem Teller oder einer Platte leicht überlappend anrichten. Die Zitronenschale darüber verteilen und das Brausepulver darüberstreuen.

FRUCHTWRAP

FÜR 4 PERSONEN ALS DESSERT
ZUBEREITUNG: 45 MINUTEN
SCHWIERIGKEIT: ✪✪✩

30 g Butter
50 g Cornflakes
4 Blätter Filoteig

FÜR DIE FÜLLUNG
2 Bananen
2 Äpfel
200 g frische Ananas
5 Oreokekse
Mandelblättchen, leicht geröstet

1. Die Butter erwärmen und die Cornflakes etwas zerbröseln. Die Teigblätter halbieren, mit der Butter bestreichen, jeweils zwei Hälften übereinanderlegen und mit den Flakes bestreuen.

2. Die Früchte in Würfel mit ½ cm Kantenlänge schneiden. Die Kekse zerbröseln und mit den Mandelblättchen vermischen. Auf den Rand der bestreuten Teigblätter je einen Streifen Fruchtwürfel und Keks-Mandelmischung geben und die Tortillas aufrollen. Die Teigkanten mit Butter bestreichen und andrücken.

3. Die Fruchtwraps auf einem vorgeheizten Pizzastein 20–30 Minuten bei 200 °C backen. Vorsichtig vom Grill nehmen und in Stücke schneiden.

COMTÉ-BANANE

FÜR 4 PERSONEN ALS VORSPEISE
ZUBEREITUNG: 30 MINUTEN
SCHWIERIGKEIT: ✪✪✪

4 reife Bananen
4 Scheiben Vollkorntoast
1 TL Piment d'Espelette
 (ersatzweise Chilipulver)
4 Scheiben Comté
 (französischer Hartkäse)

1. Die Bananen etwa 20 Minuten indirekt bei 200 °C grillen, bis die Schale dunkel und das Innere sehr weich ist.

2. Die Bananenschale aufschneiden, das Fruchtfleisch herausnehmen, halbieren und auf den Toasts verteilen; mit Piment d'Espelette würzen.

3. Den Comté auflegen und die Toasts etwa 5 Minuten indirekt grillen, bis der Käse geschmolzen ist.

APRIKOSE MIT ZIEGENKÄSE

FÜR 4 PERSONEN ALS SNACK
ZUBEREITUNG: 40 MINUTEN
SCHWIERIGKEIT: ✪✪✪

4 Scheiben Bacon
8 Aprikosen
8 kleine Stücke Ziegen-Weichkäse

1. Den Bacon auf dem Grill auf einer Gussplatte kross ausbraten, dann auf Küchenpapier legen und auskühlen lassen.

2. Die Aprikosen einschneiden, den Kern entfernen und das Fruchtfleisch mit einer Gabel mehrmals einstechen. In jede Frucht anstelle des Kerns ein Stück Ziegenkäse geben und mit einem Holzspieß fixieren.

3. Die gefüllten Aprikosen mit dem Holzspieß portionsweise auf den Grill stellen und etwa 30 Minuten indirekt bei 150 °C grillen. Auf einen Teller setzen und den Bacon darüberkrümeln.

SÜSSE TRAMEZZINI

FÜR 4 PERSONEN ALS DESSERT
ZUBEREITUNG: 30 MINUTEN
SCHWIERIGKEIT: ✪✪✩

---

100 g dunkle Schokolade
2 Feigen
3 Scheiben Tramezzini;
  alternativ Sandwichtoast,
  Rinde entfernt
100 g Frischkäse
50 g Feigensenf
2 EL gutes Olivenöl

1. Die Schokolade grob reiben oder fein hacken. Die Feigen in Streifen schneiden. Eine Tramezzinischeibe mit der Hälfte des Frischkäses bestreichen und mit der Hälfte der Schokolade bestreuen. Die Hälfte der Feigenstreifen darauf verteilen.

2. Eine weitere Scheibe Brot mit der Hälfte des Feigensenfs bestreichen und mit der Senfseite auf die Feigen legen. Nun die Oberseite dieser Scheibe wie zuvor beschrieben mit dem Rest Frischkäse, Schokolade und Feigen belegen.

3. Die verbliebene Scheibe Tramezzini ebenfalls mit Senf bestreichen und mit der Senfseite nach unten auf die ersten beiden legen. Die Tramezzini 8 Minuten auf dem auf 200 °C vorgeheizten Grill indirekt grillen, dabei einmal wenden. In vier Stücke teilen und servieren.

SAUCEN, DIPS & BEILAGEN

Beim Grillen mit Gästen sind Dips, frische Salate oder das selbstgemachte Relish fundamental und sie entscheiden oft darüber, ob aus einem Nullachtfünfzehn-Grillabend ein kulinarisches Highlight wird. Raffinierte Beilagen können zudem von qualitativ durchschnittlichem Grillgut oder einem nicht optimalen Grillergebnis ablenken. Gemüsesticks, Dips und Ähnliches haben schon so manche Party gerettet, wenn das Zeitmanagement am Grill zusammenbrach. Wenn ich zum Grillen eingeladen bin, begebe ich mich als erstes für einen Smalltalk mit dem Grillmeister zum Grill. Insgeheim schiele ich dabei nach den Dips und Beilagen, die im Hintergrund gerichtet werden. Ich bin ebenso gespannt auf die leckeren Kreationen, die beim letzten Friseurbesuch in der Frauenzeitschrift gelesen wurden, wie auf die überlieferten Klassiker von zu Hause. Sehr gut sind oft auch diejenigen Speisen, die als kreative Resteverwertung aus der Not heraus geboren sind. Meine Maxime lautet ja sowieso: viel Probieren und dann Analysieren. Warum ist das lecker? Hat es die richtige Balance von Süße, Säure, Schärfe, Salz und Mundgefühl? Oder warum schmeckt es vielleicht nicht? Fehlt etwas? Dieses Wissen ist oft entscheidend – sei es in der Küche oder am Grill.

RELISH

PEBRE

SALAT

GEFÜLLTES BROT

FÜR 4 PERSONEN ALS BEILAGE
ZUBEREITUNG: 45 MINUTEN
SCHWIERIGKEIT: ✪ ✩ ✩

1 rundes Bauernbrot (500 g)
5 Knoblauchzehen
1 Kugel Büffelmozzarella
200 g Serranoschinken, dünn geschnitten
1 Bund Rosmarin
50 g Parmesan, frisch gerieben
100 g Chester, frisch gerieben

1. Das Brot an der Oberseite fünf- bis sechsmal im Abstand von etwa 2 cm einschneiden. Die Schnitte 3–4 cm vor dem Boden enden lassen. Den Knoblauch schälen und die Zehen längs vierteln.

2. Den Büffelmozzarella in walnussgroße Stücke zupfen und in die Schnitte stecken. Ebenso mit dem Knoblauch und dem Schinken verfahren.

3. Die Rosmarinnadeln abzupfen und mit dem Parmesan und dem Chester auf das Brot streuen. Das Brot mindestens 30 Minuten bei 180 °C indirekt backen, bis der Käse geschmolzen ist.

GEFÜLLTES PIZZABROT

FÜR 6 PERSONEN ALS BEILAGE
ZUBEREITUNG: 1 STUNDE
SCHWIERIGKEIT: ✪ ✩ ✩

500 g passierte Tomaten
50 ml Olivenöl
10 Blätter Basilikum
1 Zweig Rosmarin, Nadeln abgezupft
4–6 Zweige Thymian, Blätter abgezupft
Salz, frisch gemahlener Pfeffer
2 Kugeln Mozzarella
250 g Pizzateig
6–10 Scheiben Parmaschinken
½ Bund Rucola, harte Stiele entfernt

1. Die Tomaten mit 40 ml Öl in einen Topf geben und in 30 Minuten auf die Hälfte einkochen lassen. Basilikum, Rosmarin und Thymian klein schneiden und in die Sauce geben; salzen und pfeffern. Die Sauce vom Herd nehmen und etwas abkühlen lassen. Eine Kugel Mozzarella in Scheiben schneiden.

2. Den Pizzateig ausrollen und die Hälfte davon mit der Tomatensauce bestreichen. Die Mozzarellascheiben auf der Sauce verteilen und den restlichen Teig darauflegen. Die Teigränder mit einer Gabel oder einem Nudelholz sorgfältig versiegeln.

3. Den Teig 15 Minuten kalt stellen, danach mit dem restlichen Olivenöl bestreichen.

4. Das Pizzabrot indirekt bei 200 °C von einer Seite grillen, dann wenden, die obere Seite mit Tomatensauce bestreichen, die zweite Kugel Mozzarella in Stücke zupfen und zusammen mit den Schinkenscheiben und dem Rucola auf dem Brot verteilen. Das Pizzabrot weitere 15 Minuten grillen, bis der Mozzarella zerlaufen ist.

BBQ-SAUCE BASIC

ERGIBT ETWA 1,5 L SAUCE
ZUBEREITUNG: 25 MINUTEN
SCHWIERIGKEIT: ★☆☆

500 ml Ketchup
250 ml Apfelessig
125 ml HP-Sauce
2 EL Senf
2 EL Limettensaft
2–3 Spritzer Flüssigrauch
30 g Cayennepfeffer
1 EL Paprikapulver, edelsüß
1 EL gemahlener Kümmel
2 TL Zuckerrübensirup
700 ml Rinder-, Hühner- oder Wildfond, je nach Anwendung

1. Alle Zutaten vermischen und aufkochen. Die Sauce 20 Minuten köcheln lassen. Vor dem Umfüllen in Gläser abkühlen lassen.

BBQ-SAUCE ASIA

ERGIBT ETWA 400 ML SAUCE
ZUBEREITUNG: 5 MINUTEN
SCHWIERIGKEIT: ★☆☆

125 ml Hoisinsauce
3 EL Sake
2 EL Sojasauce
2 EL Zucker
2 EL Ketchup
1 EL Reisessig
2 EL Knoblauchpaste

1. Alle Zutaten vermischen, kurz aufkochen lassen und dann in Gläser füllen.

YAKITORISAUCE

ERGIBT ETWA 500 ML SAUCE
ZUBEREITUNG: 20 MINUTEN
SCHWIERIGKEIT: ★☆☆

1 rote Zwiebel
200 ml Sojasauce
200 g Rohrzucker
50 ml Mirin (jap. Reiswein)
abgeriebene Schale von 1 unbehandelten Zitrone
50 ml Hühnerbrühe

1. Die Zwiebel schälen und in feine Ringe schneiden. Die Zwiebelringe mit sämtlichen anderen Zutaten aufkochen und etwa 10 Minuten köcheln lassen. Die Sauce abseihen und in Gläser füllen.

GRANATAPFEL-GUACAMOLE

FÜR 8 PERSONEN ALS DIP
ZUBEREITUNG: 15 MINUTEN
SCHWIERIGKEIT: ✪✪✪

3 Avocados
Saft und Schale von
   1 unbehandelten Limette
1 TL fein gehackte Chilischote
Salz
1 Granatapfel
1 Stängel Minze,
   Blätter fein geschnitten

1. Die Avocados längs halbieren, den Kern entfernen und das Fruchtfleisch aus der Schale nehmen. Vier Hälften mit einer Gabel fein zerdrücken und mit der Limettenschale und etwas -saft, Chili und Salz würzen.

2. Den Granatapfel halbieren und die Kerne auslösen. Die übrige Avocado in Würfel schneiden und sorgfältig mit der Minze, den Granatapfelkernen, etwas Limettensaft und Salz vermengen.

3. Die Granatapfel-Avocado unter die zerdrückten Avocados heben und den Dip servieren.

GUACAMOLE MIT GURKE

FÜR 4 PERSONEN ALS DIP
ZUBEREITUNG: 5 MINUTEN
SCHWIERIGKEIT: ✪✪✪

1 Gurke
1 Avocado
Salz
Saft von ½ Zitrone
2 Spritzer Tabasco

1. Die Gurke schälen, längs halbieren und das weiche Innere mitsamt den Kernen entfernen. Die Avocado halbieren und den Kern entfernen. Das Fleisch aus der Schale löffeln und in eine Schüssel geben.

2. Die Gurke in kleine Stücke schneiden und zu der Avocado geben. Eine Prise Salz, den Zitronensaft und den Tabasco hinzufügen und alles pürieren.

PONZU-GUACAMOLE

FÜR 6 PERSONEN ALS DIP
ZUBEREITUNG: 15 MINUTEN
SCHWIERIGKEIT: ✪✪✪

2 Avocados
1 rote Zwiebel
2 EL Ponzu-Sauce
   (Fertigprodukt)
1 Msp. Wasabi

1. Die Avocados schälen, vom Kern befreien und auf der Schnittfläche heiß angrillen, bis sich Röststellen bilden. Die Zwiebel schälen und in feine Streifen schneiden.

2. Das Avocado-Fruchtfleisch klein würfeln und mit der Zwiebel, der Ponzu-Sauce und dem Wasabi vermengen.

BUTTERINJEKTION

INJEKTION AUSREICHEND FÜR 3 KG FLEISCH
ZUBEREITUNG: 15 MINUTEN
SCHWIERIGKEIT: ✱✱✱

1 Chilischote
250 ml Hühnerbrühe
4 EL Butter
2 EL Zitronensaft
Salz

1. Die Chilischote aufschneiden und die Kerne entfernen. Die anderen Zutaten in einen Topf geben und erwärmen – nicht aufkochen lassen –, die Chilischote dazugeben.

2. Die Injektion auf Raumtemperatur abkühlen lassen, sodass die Butter noch flüssig ist. Die Chilischote entfernen und die Injektion in eine Marinadenspritze aufziehen.

INJEKTION FÜR PULLED PORK

INJEKTION AUSREICHEND FÜR 3 KG FLEISCH
ZUBEREITUNG: 20 MINUTEN
SCHWIERIGKEIT: ✱✱✱

500 ml Apfelsaft
1 EL Salz
10 Scheiben Bacon, fein gewürfelt
2 EL brauner Zucker
2 EL helle Sojasauce
2 EL Worcestershire-Sauce
1 EL Chilisauce

1. Alle Zutaten miteinander vermengen und aufkochen lassen.

2. Die Injektion vom Herd nehmen, abkühlen lassen, abseihen und mit der Marinadenspritze aufziehen.

INJEKTION FÜR RIND

INJEKTION AUSREICHEND FÜR 10 KG FLEISCH
ZUBEREITUNG: 10 MINUTEN
SCHWIERIGKEIT: ✱✱✱

2 EL Salz
2 EL Reisessig
1 EL Zucker
2 EL Sojasauce
700 ml Rinderfond
1 EL Chilisauce (vorzugsweise Sriracha-Sauce)

1. Sämtliche Zutaten verrühren, bis sich Zucker und Salz aufgelöst haben. Mit der Marinadenspritze aufziehen.

2. Die restliche Injektion in Gläser füllen, so ist sie beim nächsten Grillen vorrätig.

BASIC MARINADE

MARINADE AUSREICHEND
FÜR 1 KG FLEISCH
ZUBEREITUNG: 10 MINUTEN
SCHWIERIGKEIT: ✪✪✪

1 unbehandelte Zitrone
1 rote Chilischote
2 Knoblauchzehen
½ TL Salz
1 EL Sojasauce
1 TL fein geschnittene Petersilie
1 TL fein geschnittener Thymian
125 ml Olivenöl

1. Die Zitronenschale abreiben und beiseitestellen, den Saft auspressen. Die Chilischote fein würfeln. Den Knoblauch schälen und hacken.

2. Das Salz mit den Chiliwürfeln, der Sojasauce und dem Zitronensaft gut verrühren. Die Zitronenschale, den Knoblauch, die Petersilie und den Thymian dazugeben. Zum Schluss das Olivenöl unterrühren.

MARINADE FÜR WILD

MARINADE AUSREICHEND FÜR 5 KG FLEISCH
ZUBEREITUNG: 20 MINUTEN
SCHWIERIGKEIT: ✪✪✪

700 ml Rotwein
2 EL Gin
125 ml Balsamico
125 ml Olivenöl
1 rote Zwiebel, fein gewürfelt
1 Karotte, fein geschnitten
1 Stange Sellerie, fein geschnitten
2 Knoblauchzehen, zerdrückt
2 Lorbeerblätter

2 Gewürznelken
1 TL getrockneter Thymian
3 EL fein gehackte glatte Petersilie
10 schwarze Pfefferkörner
10 Wacholderbeeren

1. Alle Zutaten in einen Topf geben und kurz aufkochen lassen. Vor der Verwendung abkühlen lassen.

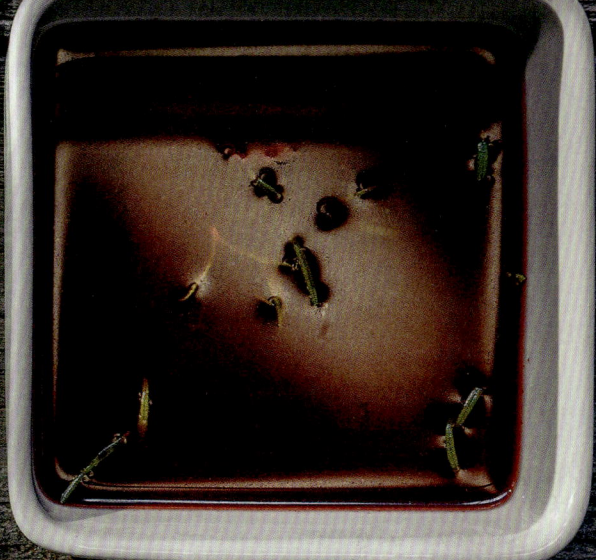

TERIYAKI-MARINADE

MARINADE AUSREICHEND FÜR 500 G FLEISCH
ZUBEREITUNG: 5 MINUTEN
SCHWIERIGKEIT: ✪✪✪

3 Frühlingszwiebeln
125 ml Sojasauce
125 ml Mirin
60 ml Honig
60 ml Sesamöl
1 TL Ingwerpaste
2 TL Knoblauchpaste

1. Die weißen Teile der Frühlingszwiebeln fein würfeln. Die grünen Teile in feine Ringe schneiden.

2. Sojasauce, Mirin und Honig sorgfältig in einer Schüssel verrühren. Die restlichen Zutaten dazugeben und unterrühren.

TOMATEN-KORIANDER-RELISH

RELISH AUSREICHEND
FÜR 4 PERSONEN
ZUBEREITUNG: 15 MINUTEN
SCHWIERIGKEIT: ✪✪✪

3 Tomaten (vorzugsweise
  Ochsenherz)
1 kleine rote Zwiebel
1 rote Chilischote
½ TL Knoblauchpaste
2 EL fein gehacktes
  Koriandergrün
Saft von 1 Limette
Salz

1. Die Tomaten halbieren und das weiche Innere mitsamt den Samen entfernen. Die Zwiebel schälen, die Chilischote längs halbieren und von den Samen befreien.

2. Das Tomatenfruchtfleisch und die Zwiebel in feine Würfel schneiden, die Chilischote fein hacken. Alles in eine Schüssel geben, mit den restlichen Zutaten vermischen und mit Salz abschmecken.

MELONENRELISH

RELISH AUSREICHEND FÜR 4 PERSONEN
ZUBEREITUNG: 15 MINUTEN
SCHWIERIGKEIT: ✪✪✪

1 Wassermelone
1 Salatgurke
1 rote Zwiebel
2 Chilischoten
3 EL Rohrzucker
Saft von 2 Limetten
1 TL Ingwerpaste
1 EL fein gehackte
  Minze

1. Die Melone halbieren und das weiche Innere herausschaben. Das Fruchtfleisch in eine Schüssel geben und pürieren.

2. Die Gurke schälen, das weiche Innere herausschaben und das Fruchtfleisch in kleine Würfel schneiden. Die Zwiebel schälen und fein würfeln. Die Chilischoten längs halbieren, von den Samen befreien und ganz fein schneiden.

3. Sämtliche Zutaten unter das Melonenpüree mischen.

BASIC RUB

RUB AUSREICHEND FÜR 2 KG FLEISCH
ZUBEREITUNG: 10 MINUTEN
SCHWIERIGKEIT: ✹✹✹

50 g grobes Salz
50 g brauner Rohrzucker
2 EL Paprikapulver, edelsüß
3 EL frisch gemahlener schwarzer Pfeffer
1 EL Knoblauchpulver
½ TL Cayennepfeffer
½ TL Selleriesamen

1. Alle Zutaten im Mörser gut vermischen und dann in ein dicht schließendes Glas geben.

RUB FÜR FISCH

RUB AUSREICHEND FÜR 5 KG FISCH
ZUBEREITUNG: 15 MINUTEN
SCHWIERIGKEIT: ✹✹✹

150 g Rohrzucker
100 g Salz
2 EL frisch gemahlener schwarzer Pfeffer
1 EL getrockneter Dill
1 TL Koriandersamen
1 TL Fenchelsamen

1. Alle Zutaten im Mörser gut vermischen und in ein dicht schließendes Glas geben.

ZWIEBELRELISH

RELISH AUSREICHEND FÜR 4 PERSONEN
ZUBEREITUNG: 15 MINUTEN
SCHWIERIGKEIT: ✹✹✹

1 Gemüsezwiebel
1 Ochsenherztomate
70 ml Weißweinessig
1 TL Salz
½ TL Cayennepfeffer
2 EL Olivenöl
1 EL fein gehacktes Koriandergrün

1. Die Zwiebel schälen. Zwiebel und Tomate fein würfeln und mit den restlichen Zutaten vermischen.

RUB FÜR SCHWEIN

RUB AUSREICHEND FÜR 2 KG FLEISCH
ZUBEREITUNG: 15 MINUTEN
SCHWIERIGKEIT: ✹✹✹

60 g grobes Salz
2 EL frisch gemahlener weißer Pfeffer
2 EL frisch gemahlener schwarzer Pfeffer
2 EL getrocknete Petersilie
1 EL Kreuzkümmel
1 EL Oregano
1 EL Knoblauchpulver

1. Alle Zutaten im Mörser gut vermischen und in ein dicht schließendes Glas geben.

PEBRE

FÜR 4 PERSONEN ALS DIP
ZUBEREITUNG: 15 MINUTEN
SCHWIERIGKEIT: ✸✸✸

2 Bund Frühlingszwiebeln
2 Fleischtomaten
1 rote Chilischote
1 Bund Koriandergrün
3 EL Olivenöl
feines Meersalz

1. Die Frühlingszwiebeln in feine Ringe schneiden. Von den Tomaten einen Deckel abschneiden, die Frucht aushöhlen und dann in kleine Würfel schneiden. Die Chillischote längs aufritzen, die Samen entfernen und die Schote in feine Würfel schneiden. Das Koriandergrün fein schneiden.

2. Alle zerkleinerten Zutaten mit dem Öl in eine Schüssel geben und gut vermischen, mit Salz abschmecken.

WALNUSS-KNOBLAUCH-DIP

FÜR 4 PERSONEN ALS DIP
ZUBEREITUNG: 5 MINUTEN
SCHWIERIGKEIT: ✸✸✸

4 Knoblauchzehen
200 g Walnusskerne
150 ml Olivenöl
Salz

1. Den Knoblauch schälen. Walnüsse und Knoblauchzehen im Mörser zu einer Paste zerstoßen, dabei das Olivenöl nach und nach unterarbeiten. Den Dip mit Salz abschmecken.

KAROTTEN-ERDNUSS-DIP

FÜR 4 PERSONEN ALS DIP
ZUBEREITUNG: 15 MINUTEN
SCHWIERIGKEIT: ✪✪✪

4 Karotten
75 g geröstete, gesalzene Erdnüsse
1 EL Balsamico
2 EL Erdnussöl
4 Tropfen Sesamöl

1. Die Karotten grob raspeln.

2. Die Karottenraspel in eine Schüssel geben und mit den restlichen Zutaten vermischen.

CHILI-KORIANDER-DIP

FÜR 4 PERSONEN ALS DIP
ZUBEREITUNG: 10 MINUTEN
SCHWIERIGKEIT: ✪✪✪

1 Bund Koriandergrün
4 grüne Chilischoten
1 Gurke
Saft von ½ Zitrone
1 EL Zuckerrübensirup
Salz

1. Den Koriander fein schneiden. Die Chilischoten längs aufschneiden, von den Samen befreien und in feine Würfel schneiden. Die Gurke längs halbieren, das weiche Innere mitsamt den Kernen herauskratzen und das Fruchtfleisch ebenfalls fein würfeln.

2. Den Zitronensaft und den Sirup in einer Schüssel gut verühren. Die Chili- und Gurkenwürfel untermischen, zum Schluss den Koriander unterziehen. Den Dip mit Salz abschmecken.

RETTICHSALAT

FÜR 4 PERSONEN ALS BEILAGE
ZUBEREITUNG: 15 MINUTEN
SCHWIERIGKEIT: ✪

1 Rettich
1 rote Chilischote
1 EL Salz
4 EL Zucker
4 EL Reisessig

1. Den Rettich schälen und in dünne Scheiben schneiden. Die Scheiben übereinanderlegen und in feine Streifen schneiden. Die Chilischote längs aufschneiden, von den Samen befreien und fein würfeln.

2. Chiliwürfel, Salz, Zucker und Essig mit dem Rettich in eine Schüssel geben und alles gut vermischen. Den Salat vor dem Verzehr 30 Minuten ziehen lassen.

FRÜHLINGSZWIEBELSALAT

FÜR 4 PERSONEN ALS BEILAGE
ZUBEREITUNG: 15 MINUTEN
SCHWIERIGKEIT: ✪✪✪

10 Frühlingszwiebeln
1 rote Chilischote
4 EL Sojasauce
1 EL Sesam
1 EL Sesamöl

1. Die Frühlingszwiebeln putzen. Jede Zwiebel erst in drei gleich große Stücke und diese dann in feine Streifen schneiden; in eine Schüssel geben. Die Chilischote fein würfeln.

2. Sojasauce, Chili, Sesam und Sesamöl gut vermischen und über die Frühlingszwiebelstreifen geben.

VIER-ZWIEBEL-SALAT

FÜR 4 PERSONEN ALS BEILAGE
ZUBEREITUNG: 15 MINUTEN
SCHWIERIGKEIT: ✪

1 Gemüsezwiebel
2 rote Zwiebeln
4 Frühlingszwiebeln
1 weiße Zwiebel
1 EL fein geschnittene glatte Petersilie
2 EL Weißweinessig
3 EL Olivenöl
2 EL mittelscharfer Senf
1 EL Zuckerrübensirup
Salz, frisch gemahlener Pfeffer

1. Die Zwiebeln schälen bzw. putzen. Die Frühlingszwiebeln in feine Ringe, alle anderen Zwiebeln in dünne Scheiben schneiden.

2. Die anderen Zutaten zu einem Dressing verrühren und mit Salz und Pfeffer abschmecken. Das Dressing unter die Zwiebeln mischen. Vor dem Servieren 30 Minuten ziehen lassen.

SPITZKOHLSALAT

FÜR 4 PERSONEN ALS BEILAGE
ZUBEREITUNG: 15 MINUTEN
SCHWIERIGKEIT: ✪✪✪

1 Spitzkohl
2 TL Salz
1 Apfel
Saft von 1 Limette
2 EL süße Chilisauce
20 ml Sherry
1 TL körniger Senf
2 EL Olivenöl

1. Den Spitzkohl fein hobeln, salzen und das Salz durch Kneten des Kohls gut einarbeiten. Den Apfel vom Kerngehäuse befreien und in feine Stifte schneiden. Apfel und Kohl sorgfältig vermischen.

2. Die restlichen Zutaten in einer Schüssel gut verrühren, den Apfelkohl hinzufügen und gut unterheben.

SAUCEN, DIPS & BEILAGEN

MENÜVORSCHLÄGE

WEIHNACHTS-MENÜ MIT WILD

Vorspeise:
Tagliata mit Onglet
Seite 54

Zwischengang/Beilage:
Spitzkohlsalat
Seite 215

Hauptgericht:
Rehkeule mit Rosmarinäpfeln
Seite 112

Dessert:
Melonen-Carpaccio
Seite 196

WEIHNACHTS-MENÜ MIT ENTE

Vorspeise:
Forelle auf Mangold
Seite 162

Hauptgericht:
Asia-Entenbrust mit Knödeln
Seite 129

Dessert:
Trdelník
Seite 192

MEDITERRANES MENÜ

Vorspeise:
Italian French-Toast
Seite 160

Zwischengang/Snack:
Pimientos de Padrón
Seite 183

Hauptgericht: Kaninchenkeulen
mit Süßkartoffeln
Seite 120

Dessert:
Comté-Banane
Seite 198

HALLOWEEN-PARTY

Vorspeise:
Kürbis-Quesadillas
Seite 177

Snack:
Maroni
Seite 187

Hauptgericht:
Gefüllter Hokkaido
Seite 106

Dessert:
Apfelkuchen
Seite 191

MENÜ ASIA-STYLE

Vorspeise:
Gegrillte Asia-Avocado
Seite 178

Hauptgericht:
Robata-Grill
Seite 145

Dessert:
Melonen-Carpaccio
Seite 196

BURGER-MENÜ

Vorspeise:
Miniburger nach Wahl
Seite 65–67

Hauptgericht 1:
Rummel-Burger 2.0
Seite 56

Hauptgericht 2:
Ramen-Burger
Seite 59

Dessert:
Obstlollys oder
süße Burger mit Weinbergpfirsich
Seite 195

REGISTER

A
Ananas
    Fruchtwrap 196
    Obstlollys 195
    Tacos al Pastor 85
    Toast Hawaii 96
Anzündkamin 13, 20, 22
Apfel
    Apfelkuchen 191
    Bloody Harry 99
    Entenbrust mit Kürbis 127
    Fruchtwrap 196
    Karotten-Hotdog 184
    Obstlollys 195
    Rehkeule mit Rosmarinäpfeln 112
Aprikose mit Ziegenkäse 198
Asia-Avocado, Gegrillte 178
Asia-Entenbrust mit Knödeln 129
Asia-Menü 217
Aubergine, Kräuter-Fenchel-Makrele 150
Avocado
    Avocado mit Koriandervinaigrette 178
    Flanksteak-Guacamole-Rolls 42
    Gegrillte Asia-Avocado 178
    Granatapfel-Guacamole 207
    Guacamole mit Gurke 207
    Ponzu-Guacamole 207

B
Baguette-Sandwich mit Rinderhüfte 39
Bambus-Schneidebrett 19
Banane
    Comté-Banane 198
    Fruchtwrap 196
    Speckbanane 93
Bauernbrot mit Feldsalat und Tafelspitz 53
BBQ 22
BBQ-Sauce Asia 206
BBQ-Sauce Basic 206
Bloody Harry 99
Blumenkohl 174
Blutwurst
    Blutwurst-Rhabarber-Sandwich 99
    Bloody Harry 99
Bratenkorb, 3-in-1 20
Brot
    Bauernbrot mit Feldsalat und Tafelspitz 53
    Gefülltes Brot 204
    Gefülltes Pizzabrot 204
    Hähnchen-Focaccia 142
    Italian French-Toast 160
    Mini-Burgerbrötchen 65
    Roastbeef auf Brotsalat 47
Bulgogi 44
Burger 22
    Cheeseburger 66
    Egerlingburger 67
    Grünkohl-Seitling-Burger 181
    Kartoffel-Leberkäs-Burger 100
    Lachsburger 66
    Mac 'n' Cheese Calzone 60
    Ramen-Burger 59
    Rummel-Burger 2.0 56
    Schweinebauchburger 67
    Süße Burger mit Weinbergpfirsich 195
    Zwiebelburger 62
Burger-Menü 217
Burgerpresse 15
Buri Teriyaki 145
Burrito mit Schweinenacken 89
Butterinjektion 208

C
Cheeseburger 66
Chicken Wings 134
Chili-Koriander-Dip 213
Chili-Popcorn 187
Chips, Holz- 22
Chuck Short Ribs 51
Comté-Banane 198

D
Dessert 23, 188
Dip
    Chili-Koriander-Dip 213
    Karotten-Erdnuss-Dip 213
    Pebre 212
    Walnuss-Koriander-Dip 212
Dry Age 22
Dry-Age-Schweinekotelett 78

E
Edelstahlpfanne 17
Ente
    Asia-Entenbrust mit Knödeln 129
    Entenbrust mit Kürbis 127
    Entenkeule mit Mais 125
    Entenwraps 126
    Pulled Duck 126
Entrecote dekonstruiert 35
Estragonhähnchen mit Kürbis 141

F
Feinreibe 19
Feldsalat
    Bauernbrot mit Feldsalat und Tafelspitz 53
    Portobello-Sandwich 63
Fenchel
    Kachelfleisch mit Fenchel 38
    Kräuter-Fenchel-Makrele 150
    Portobello-Sandwich 63
    Welsfilet mit Fenchel 153
Feta im Filoteig 183
Fisch 146, 27
    Forelle auf Mangold 162
    Geräuchertes Lachsfilet vom heißen Stein 171
    Italian French-Toast 160
    Kräuter-Fenchel-Makrele 150
    Lachsburger 66
    Lachsrolle 171

Pulled Rotbarsch 159
Rub für Fisch 211
Saibling-Sandwich 157
Sardinen marokkanisch 152
Stör mit Rote-Bete-Spaghetti 154
Welsfilet mit Fenchel 153
Fischhalter 16
Flanksteak-Guacamole-Rolls 42
Fleischschnitte 22
Fleischwaffel-Sandwich 77
Forelle auf Mangold 162
Fruchtwrap 196
Frühlingszwiebelsalat 214

G
Galia-Melone, Obstlollys 195
Garnelen-Toasties 165
Gasgrill 12
Granatapfel-Guacamole 207
Grillbürste 19
Grillen, indirekt 22
Grillkorb 16
Grillpinzette 14
Grillreinigung 22
Grillspargel mit Eiersauce 101
Grüne Muscheln 166
Grünkohl-Seitling-Burger 181
Guacamole
    Flanksteak-Guacamole-Rolls 42
    Granatapfel-Guacamole 207
    Guacamole mit Gurke 207
    Ponzu-Guacamole 207
Gurke
    Asia-Entenbrust mit Knödeln 129
    Bulgogi 44
    Chili-Koriander-Dip 213
    Guacamole mit Gurke 207
    Melonenrelish 210
    Saibling-Sandwich 157
Gusspfanne 16
Gussplatte 16

H
Hähnchen 22, 130
    Chicken Wings 134
    Estragonhähnchen mit Kürbis 141
    Gefüllte Hähnchenbrustfilets 137
    Glasierte Hähnchensteaks 134
    Hähnchen-Focaccia 142
    Hähnchenschenkel mit gegrilltem Radicchio 138
    Yakitori 145
Halloween-Party-Menü 217
Hirschrücken mit Radicchio 111
Hitzehandschuh 18
Hokkaido, Gefüllter 106
Holzkohleeinsatz 16

I
Injektion
    Butterinjektion 208
    Injektion für Pulled Pork 208
    Injektion für Rind 208
Italian French-Toast 160

J
Jakobsmuschel im Egerling 168
Jalapeno, Kürbis-Quesadillas 177

K
Kachelfleisch mit Fenchel 38
Kaninchen
    Kaninchenkeulen mit Süßkartoffeln 120
    Kaninchenrücken im Brotmantel 119
Karotte
    Bulgogi 44
    Dry-Age-Schweinekotelett 78
    Grünkohl-Seitling-Burger 181
    Karotten-Erdnuss-Dip 213
    Karotten-Hotdog 184
Kartoffel
    Gefüllter Hokkaido 106
    Kartoffel-Leberkäs-Burger 100
Käse
    Aprikose mit Ziegenkäse 198
    Cheeseburger 66
    Comté-Banane 198
    Egerlingburger 67
    Feta im Filoteig 183
    Gefüllte Hähnchenbrustfilets 137
    Gefülltes Brot 204
    Gefülltes Pizzabrot 204
    Italian French-Toast 160
    Kaninchenrücken im Brotmantel 119
    Kürbis-Quesadillas 177
    Lachsrolle 171
    Mac 'n' Cheese Calzone 60
    Philly-Cheesesteak-Sandwich 41
    Portobello-Sandwich 63
    Rummel-Burger 2.0 56
    Saibling-Sandwich 157
    Secreto mit Selleriepüree 82
    Speckzwiebel 93
    Toast Hawaii 96
    Zwiebel-Burger 62
Kerngehäuseausstecher 19
Kerntemperatur 23
Kohle 23
Kohlekorb 15
Kohlrabi, Stör mit Rote-Bete-Spaghetti 154
Kräuter-Fenchel-Makrele 150
Kürbis
    Entenbrust mit Kürbis 127
    Estragonhähnchen mit Kürbis 141
    Gefüllter Hokkaido 106
    Kürbis-Quesadillas 177

L
Lachs
    Lachsburger 66
    Lachsfilet, Geräuchertes, vom heißen Stein 171
    Lachsrolle 171
Lamm
    Lammköfte-Spieß 115
    Lammschulter mit Zuckerschoten 116
Lauch, Presa mit gegrilltem Lauch 86
Leberkäse, Kartoffel-Leberkäs-Burger 100

M
Mac 'n' Cheese Calzone 60
Maillard-Reaktion 23
Mais
    Chili-Popcorn 187
    Entenkeule mit Mais 125
    Flanksteak-Guacamole-Rolls 42

Marinade 23, 209
   Basic 209
   Marinade für Wild 209
   Teriyaki-Marinade 209
Maroni 187
Mediterranes Menü 216
Meeresfrüchte
   Garnelen-Toasties 165
   Grüne Muscheln 166
   Jakobsmuschel im Egerling 168
Melonen-Carpaccio 196
Melonenrelish 210
Miniburger-Brötchen 65
Money Muscle sous-vide 72

N
Nachtisch 23, 188
Nudel
   Mac 'n' Cheese Calzone 60
   Nudelwaffel 76
   Ramen-Burger 59

O
Obstlollys 195
Onglet, Tagliata mit Onglet 54
Ossi-Vakuumierung 24

P
Pebre 212
Pfirsich, Süße Burger mit Weinbergpfirsich 195
Philly-Cheesesteak-Sandwich 41
Pilz
   Egerlingburger 67
   Grünkohl-Seitling-Burger 181
   Jakobsmuschel im Egerling 168
   Portobello-Sandwich 63
Pimientos de Padrón vom Kamin 183
Pizzastein 20
Plancha-Platte 20
Ponzu-Guacamole 207
Popcorn, Chili-Popcorn 187
Poren 24
Portobello-Sandwich 63
Presa mit gegrilltem Lauch 86
Pulled Duck 126
Pulled-Pork-Reiswaffel 75
Pulled Rotbarsch 159

Q
Qualität 24
Queller, Jakobsmuschel im Egerling 168

R
Radicchio
   Hähnchenschenkel mit gegrilltem Radicchio 138
   Hirschrücken mit Radicchio 111
Ramen-Burger 59
Räucherbrett 20
Rehkeule mit Rosmarinäpfeln 112
Reis, Pulled-Pork-Reiswaffel 75
Relish
   Melonen- 210
   Tomaten-Koriander- 210
   Zwiebel- 210
Rettichsalat 214
Rind 30
   Baguette-Sandwich mit Rinderhüfte 39
   Bauernbrot mit Feldsalat und Tafelspitz 53
   Bulgogi 44
   Cheeseburger 66
   Chuck Short Ribs 51
   Entrecote dekonstruiert 35
   Flanksteak-Guacamole-Rolls 42
   Fleischwaffel-Sandwich 77
   Kachelfleisch mit Fenchel 38
   Mac 'n' Cheese Calzone 60
   Nudelwaffel 76
   Philly-Cheesesteak-Sandwich 41
   Ramen-Burger 59
   Ribeye-Cap 35
   Ribeye-Kern 35
   Rinderbäckchen am Spieß 48
   Rindfleischspieße 145
   Roastbeef auf Brotsalat 47
   Roastbeef-Tataki 36
   Rummel-Burger 2.0 56
   Tagliata mit Onglet 54
   Teres Major 53
   Zwiebelburger 62
Robata-Grll 145
Romanasalat
   Bulgogi 44
   Hähnchen-Focaccia 142
Rotkohl
   Burrito mit Schweinenacken 89
   Wildschwein-Rolls 108
Rub
   Basic 211
   Rub für Fisch 211
   Rub für Schwein 211
Rucola
   Gefülltes Pizzabrot 204
   Tagliata mit Onglet 54
   Wachtel mit Rucola-Gemüse 122
Ruhen 24
Rummel-Burger 2.0 56

S
Saibling-Sandwich 157
Saisonkalender 26/27
Salat
   Frühlingszwiebelsalat 214
   Rettichsalat 214
   Spitzkohlsalat 215
   Vier-Zwiebel-Salat 215
Sandwich
   Baguette-Sandwich mit Rinderhüfte 39
   Bloody Harry 99
   Blutwurst-Rhabarber-Sandwich 99
   Fleischwaffel-Sandwich 77
   Philly-Cheesesteak-Sandwich 41
   Portobello-Sandwich 63
   Saibling-Sandwich 157
Sandwichmaker 18
Sardellenfilet
   Italian French-Toast 160
   Sardinen marokkanisch 152
Sardinen marokkanisch 152
Sauce
   BBQ-Sauce Asia 206
   BBQ-Sauce Basic 206
   Yakitorisauce 206
Schinken
   Gefülltes Brot 204
   Gefülltes Pizzabrot 204
   Grillspargel mit Eiersauce 101

   Hähnchen-Focaccia 142
   Jakobsmuschel im Egerling 168
   Schokolade, Süße Tramezzini 201
Schwein 68
   Bloody Harry 99
   Blutwurst-Rhabarber-Sandwich 99
   Burrito mit Schweinenacken 89
   Dry-Age-Schweinekotelett 78
   Fleischwaffel-Sandwich 77
   Grillspargel mit Eiersauce 101
   Kartoffel-Leberkäse-Burger 100
   Money-Muscle sous-vide 72
   Nudelwaffel 76
   Presa mit gegrilltem Lauch 86
   Pulled-Pork-Reiswaffel 75
   Rub für Schwein 211
   Schweinebauch 85
   Schweinebauchburger 67
   Secreto mit Selleriepüree 82
   Spanferkelkeule mit Melone 90
   Spanferkelrücken mit Thunfischsauce 94
   Spareribs 81
   Speckbanane 93
   Speckzwiebeln 93
   Tacos al Pastor 85
   Toast Hawaii 96
Silikon-Mop 18
Silikon-Pinsel 18
Sizzle Zone 24
Smoking Pipe 14
Sous-vide 24
Spanferkelkeule mit Melone 90
Spanferkelrücken mit Thunfischsauce 94
Spareribs 81
Spareribshalter 17
Spargel, Grillspargel mit Eiersauce 101
Spatula 14
Speck
   Entenbrust mit Kürbis 127
   Gefüllte Hähnchenbrustfilets 137
   Glasierte Hähnchensteaks 134
   Hähnchenschenkel mit gegrilltem Radicchio 138
   Kaninchenrücken im Brotmantel 119
   Speckbanane 93
   Speckzwiebeln 93
   Toast Hawaii 96
   Zwiebelburger 62
Spieße 17-19, 21
Spinat
   Lachsrolle 171
   Spanferkelrücken mit Thunfischsauce 94
Spitzkohlsalat 215
Steak 24
Stör mit Rote-Bete-Spaghetti 154
Süßkartoffel, Kaninchenkeulen mit Süßkartoffeln 120

T
Tacos al Pastor 85
Tagliata mit Onglet 54
Teres Major 53
Teriyaki-Marinade 209
Thermometer 14
Thunfisch
   Buri Teriyaki 145
   Spanferkelrücken mit Thunfischsauce 94
Toast Hawaii 96
Tomate
   Avocado mit Koriandervinaigrette 178
   Egerlingburger 67
   Gefülltes Pizzabrot 204
   Kartoffel-Leberkäs-Burger 100
   Pebre 212
   Roastbeef auf Brotsalat 47
   Secreto mit Selleriepüree 82
   Tagliata mit Onglet 54
   Tomaten-Koriander-Relish 210
   Zwiebelrelish 210
Tortilla
   Burrito mit Schweinenacken 89
   Entenwraps 126
   Flanksteak-Guacamole-Rolls 42
   Kürbis-Quesadillas 177
Tramezzini, Süße 201
Trdelník 192

U, V
Umami 25
Vakuumierung, Ossi- 24
Vegetarisch 25, 172
Vier-Zwiebel-Salat 215

W
Wachtel mit Rucola-Gemüse 122
Waffeleisen 18
Walnuss-Koriander-Dip 212
Wassermelone
   Melonen-Carpaccio 196
   Melonenrelish 210
   Spanferkelkeule mit Melone 90
Weihnachten 25
Weihnachts-Menü mit Ente 216
Weihnachts-Menü mit Wild 216
Welsfilet mit Fenchel 153
Wild 102
   Asia-Entenbrust mit Knödeln 129
   Entenbrust mit Kürbis 127
   Entenkeule mit Mais 125
   Entenwraps 126
   Gefüllter Hokkaido 106
   Hirschrücken mit Radicchio 111
   Kaninchenkeulen mit Süßkartoffeln 120
   Kaninchenrücken im Brotmantel 119
   Pulled Duck 126
   Rehkeule mit Rosmarinäpfeln 112
   Wachtel mit Rucola-Gemüse 122
   Wildschweinkroketten 108
   Wildschwein Pulled Pork 109
   Wildschwein-Rolls 108
Winkelpalette 19
Wintergrillen 25

X, Y, Z
Xmas 25
Yakitori 145
Yakitorisauce 206
Zubehör 14, 25
Zuckerschote, Lammschulter mit Zuckerschoten 116
Zwiebel
   Baguette-Sandwich mit Rinderhüfte 39
   Bloody Harry 99
   Speckzwiebeln 93
   Tacos al Pastor 85
   Vier-Zwiebel-Salat 215
   Zwiebelburger 62
   Zwiebelrelish 210

DANK

Der angenehmste Teil beim Schreiben eines Buchs ist, all den Menschen, die geholfen haben, es zu verwirklichen, seinen Dank auszusprechen.

NAPOLEON GOURMET GRILLS (www.napoleongrills.de)
Im Laufe meiner Karriere habe ich schon auf vielen Grills diverser Hersteller gegrillt. Seit einigen Jahren grille ich auf Geräten von Napoleon und bin damit sehr zufrieden. Die Firma fertigt qualitativ hochwertige, innovative und funktionale Produkte.

Bosfood
Super kompetenter Service, freundliche Mitarbeiter, Eins-a-Produkte, immer auf dem neuesten Stand. Diese kurze Beschreibung von Bosfood sagt alles. Ralf Bos und sein Team – besonders die Crew aus der Produktionsküche um Achim Eisenberger – haben mich seit Beginn meiner Grillkarriere unterstützt und beraten.

Fleischerei Fessel
Die Fessels sind ein innovativer Traditionsbetrieb mit Charme. Metzger Fessel ist „mein Fleischer des Vertrauens". Oder anders ausgedrückt: „Freunde dich mit deinem Fleischer an, dann bekommst du auch gute Ware!"

SK Leasing
Aus einer aus der Schulzeit kommenden Freundschaft wurde in kreativer Zusammenarbeit mit Kathrin und Stephan ein erfolgreiches Team, welches mir seit Jahr und Tag partnerschaftlich zur Seite steht.

Dank auch an das Team vom **Fotografen Dirk Tacke**. Es waren harte Tage am Set, aber wir hatten viel Spaß, und es sind tolle Bilder geworden.

Ein großes Dankeschön geht an **meine Familie**, die mich während der letzten Jahre immer mit Rat und Tat unterstützt hat.

Danke **Lotti und Helmut**

IMPRESSUM

Produktmanagement: Annemarie Heinel
Textredaktion: Anja Ashauer-Schupp
Korrektur: Gertraud Müller
Layout und Satz: Silke Schüler
Umschlaggestaltung: Werbeagentur ZERO, München
unter Verwendung eines Fotos von Dirk Tacke
Repro: LUDWIG:media
Herstellung: Julia Hegele
Text und Rezepte: Andreas Rummel
Fotografie und Styling: Dirk Tacke
Foodassistenz: Brigitte Tacke
Fotoassistenz und Setfotos: Clarissa Nill
Illustrationen: Oliver Maute, außer Seite 148:
www.shutterstock.com (VKA, Juliar Studio)
Printed in Türkiye by Elma Basim

Sind Sie mit diesem Titel zufrieden? Dann würden wir uns über Ihre Weiterempfehlung freuen. Erzählen Sie es im Freundeskreis, berichten Sie Ihrem Buchhändler oder bewerten Sie bei Onlinekauf. Und wenn Sie Kritik, Korrekturen, Aktualisierungen haben, freuen wir uns über Ihre Nachricht an:

Christian Verlag
Postfach 40 02 09
D-80702 München
oder per E-Mail an lektorat@verlagshaus.de

Unser komplettes Programm finden Sie unter

Alle Angaben dieses Werkes wurden vom Autor sorgfältig recherchiert und auf den neuesten Stand gebracht sowie vom Verlag geprüft. Für die Richtigkeit der Angaben kann jedoch keine Haftung übernommen werden.

Die Deutsche Nationalbibliothek verzeichnet diese Publikation in der Deutschen Nationalbibliografie; detaillierte bibliografische Daten sind im Internet über http://dnb.d-nb.de abrufbar.

4. Auflage 2023
© 2023, 2021, 2016 Christian Verlag GmbH,
Infanteriestraße 11a, 80797 München
Alle Rechte vorbehalten.

ISBN 978-3-86244-977-4

Ebenfalls erhältlich ...

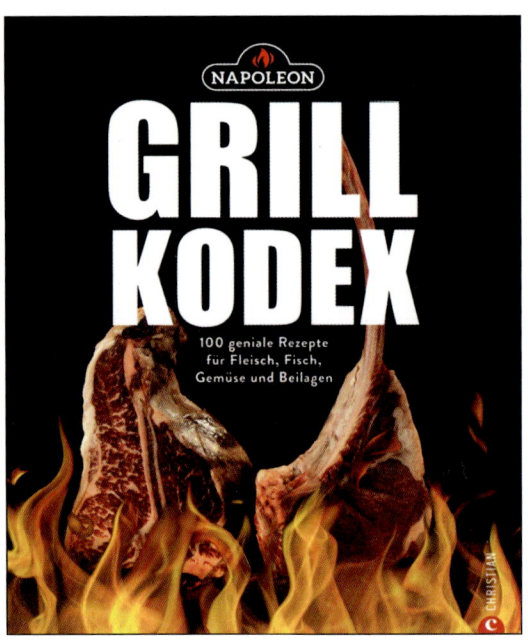

ISBN 978-3-95961-549-5

ISBN 978-3-95961-373-6

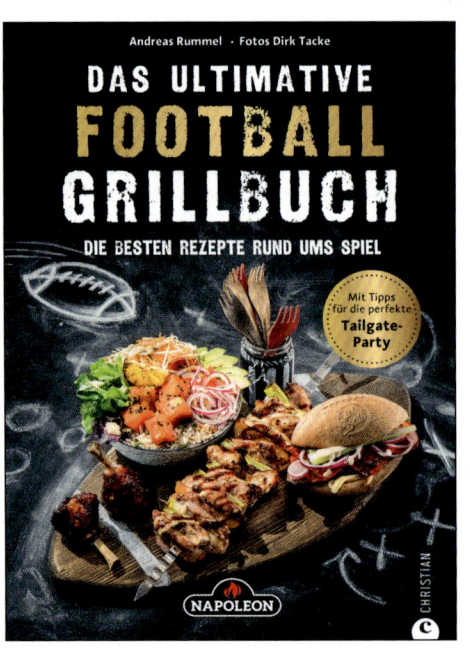

ISBN 978-3-95961-502-0

ISBN 978-3-95961-006-3

www.christian-verlag.de